热爱了解和研究儿童
教育他们使之胜过前人
　　——为《幼儿教育》
　　创刊号题
　　　　陈鹤琴
　　　　　1984年十一月

一 切 为 了 儿 童

陈鹤琴"家庭教育"
家长实用手册

陈鹤琴 著

柯小卫 选编

编选说明

我们编选《陈鹤琴"家庭教育"家长实用手册》的初衷是向广大读者提供一本具有阅读与实用价值的教育图书,本书包括了大量教育观念、教育原理、教育原则以及具体教育方法,具有"科学性"与"艺术性"携手、"研究性"与"应用性"相融的特点,旨在将陈鹤琴(1892—1982)作为"中国现代幼教之父"和一代教育大师所倡导的"心理学具体化,教学法大众化"主张付诸实践,使广大家长受益,为儿童造福。

在陈鹤琴看来,家庭教育的实质首先是父母教育,要使父母拥有正确的儿童观念,采用适宜的教导方法,与儿童共同成长,同时使所有的家庭作为社会组织的基本细胞更加幸福、美满,使人们的生活充满幸福。正如教育家陶行知(1891—1946)对于《家庭教育》(陈鹤琴著)一书所怀有的期待:"这本书出来以后,小孩子可以多发些笑声,父母也可以少受些烦恼了。这本书是儿童幸福的源泉,也是父母幸福的源泉。"

可以说,这本《陈鹤琴"家庭教育"家长实用手册》具有以下三方面特点:

其一,内容"系统性"与"全面性"。书中编选内容涵盖了陈鹤琴现代儿童教育学说大部分内容,其教育原则、教育方法建立在儿童心理学研究的基础之上,不仅为专业人员获得"全方位""体系化"的研究角度,更为广大读者学习、理解中国老一辈现代儿童教育家提倡的教育学说提供了一本集聚思想与智慧的学术精华。

其二,"工具性"与"可读性"。本书在编选过程中,充分考虑到家长、教师的阅读和参考需要,在阐述教育原理、观点的同时,收录了许多生动有趣的案例以及具体分析,从而增加读者在阅读书中内容时的愉悦感,给予人们以教育的借鉴与指引。

其三,"生活性"与"现实性"。尽管陈鹤琴生活与研究的年代距今已经过去了半个世纪以上,他最初的教育著作《儿童心理之研究》《家庭教育》问世已有九十多年,却依然能使现在的读者从中得到启迪。以一直被称誉为中国家庭教育的经典之作《家庭教育》一书为例,自1925年出版以来,先后多次再版,广受好评,其中有两方面原因:一方面原因是陈鹤琴教育学说及著作自身所具有的"原理性""实践性"与"指导性"特点,并不只是高谈阔论教育理论，而是提出许多富有建设性、指导性的教育建议；另一方面原因，尽管年代久远，时过境迁，但是许多家庭教育中存在的现象、问题仍实质性地存在，并继续对家庭教育观念、态度、审美以及具体行为、方法产生影响。我们期待，这本经过精心选择的手册可以陪伴着更多读者与儿童一同成长、进步。

在这本书出版之际，我特别向这本书的策划者，南京师范大学出版社幼教分社总编辑万斌，及魏丽责任编辑表达敬意与感谢，由于他们的精心策划与认真、细致、严谨的工作责任、专业水准，这本手册得以在较短时间内出版。同时我要感谢我的夫人束菱舟女士、表姐陈庆女士，以及来自于广西科技师范学院学前教育专业的陆莹老师，她们为这本书的编选提供了许多鼓励与宝贵建议，付出了默默无闻的辛劳，但愿我们共同的理想和愿望可以实现，即让我们的生活更加美好！让所有的家庭更加幸福！

儿童是照亮人类未来的曙光！

编者
2019年4月

目 录

第一章 现代家庭教育观念

一、儿童教育的价值与重要性 · 003

二、家庭教育的重要性 · 007

三、现代父母教育与家庭教育 · 013

四、父母应改正不正确的家庭教育观念与行为 · 021

五、"儿童期"的价值与意义 · 027

六、尊重儿童,解放儿童 · 032

第二章 做父母的艺术(一)

一、父母教育儿童应该"慎始" · 039

二、父母怎样利用模仿支配儿童动作 · 042

三、积极的鼓励胜于消极的制裁 · 048

四、做父亲的应当同儿童做伴侣 · 058

五、儿童应从小锻炼身体 · 065

第三章　做父母的艺术(二)

一、父母应具有的教育态度与方法・071

二、父母应注重培养儿童自主能力・078

三、父母怎样给儿童讲故事・087

四、父母往往是儿童过错的根源・089

五、父母应该怎样责罚儿童・094

第四章　儿童早期生理发展过程及教育方法

一、新生儿的生理特点与教育方法・113

二、睡眠与"哭"的教育・118

三、行走的价值与影响因素・124

四、避免儿童受到惧怕与过度刺激・128

五、儿童早期情绪与情感发展・135

六、儿童语言发展过程・138

七、如何矫正儿童语言障碍・142

第五章 儿童心理特点与教育方式

一、了解儿童心理,开启儿童教育之门·147

二、早期儿童心理特点与发展规律·150

三、环境对儿童成长产生影响·155

四、为儿童营造良好的成长环境·162

五、儿童应从小养成良好的生活习惯·168

六、从小教起,从小教好·174

七、父母对儿童不要溺爱、放纵,也不要严厉·178

第六章 儿童社会性发展与早期道德

一、儿童的社会性发展·187

二、儿童早期道德训练——学会待人接物·193

三、怎样使儿女尊敬自己的父母·199

四、父母在教育子女时态度要一致·205

五、怎样使儿童学会"爱人""利他"·209

六、怎样从小培养儿童的责任感·216

七、怎样培养儿童勇敢精神·221

八、父母应了解儿童说谎的原因·227

九、父母如何教儿童诚实·234

第七章　发展儿童的认知、思维与学习力

一、儿童早期学习原理与过程·241

二、好奇心与好问心是儿童学习的开始·245

三、丰富儿童生活经验，开启儿童智力·253

四、儿童的思维特点·259

五、发展儿童的思想力·261

六、大自然、大社会都是活教材·268

七、父母怎样指导儿童学习·273

八、父母如何教儿童求学——做人、做事、做学问·276

九、如何教儿童识字、写字·281

第八章　儿童艺术教育

一、儿童图画的价值与意义・289

二、儿童图画的特质与学习原则・294

三、父母应该怎样教儿童画图・297

四、儿童音乐教育・305

第九章　儿童游戏与玩具

一、儿童游戏的原理与教育价值・313

二、如何利用儿童游戏心理实施教育・316

三、儿童游戏应遵循的原则・319

四、儿童玩具的教育作用・326

五、鼓励儿童自己制作并爱护玩具・332

第十章　幼稚园的价值与意义

一、儿童为什么应上幼稚园・337

二、幼稚园教育的价值・343

三、幼稚园与家庭共同担负教育儿童的责任·348

第十一章　小学教育时期
一、培养儿童成为健全的公民·353
二、小学时期教育原则与方法·355
三、父母应怎样指导儿童阅读·359
四、如何使儿童对学习算学感兴趣·364
五、特殊儿童教育·368

第一章
现代家庭教育观念

一

儿童教育的价值与重要性

1. 幼稚时期对于儿童一生非常重要!所以幼稚教育是儿童的基本教育,亦即人群的基本教育。儿童在这个时期,关于习惯、知识、言语、思想各个方面都打下了很深的根基。倘使在这个时期,根基稍一不稳,将来要想建造健全的人格,也就不可能了。所以,我们要培养健全的人格,促进健全的社会,第一需注重幼稚时期的教育,竭力宣传初期儿童教育的重要,而引起一般社会的注意。

• 引自《〈幼稚教育〉发刊词》1927年,载《陈鹤琴全集》第二卷,江苏教育出版社,2008年8月,第73页。

2. 我们知道幼稚期(自生至7岁)是人生最重要的一个时期,什么习惯、言语、技能、思想、态度、情绪都要在此时期打一个基础,若基础打得不稳固,那健全的人格就不容易形成了。所以我们还是要去教养我们小孩子的。

- 引自《家庭教育》1925年,载《陈鹤琴全集》第二卷,江苏教育出版社,2008年8月,第512页。

3. 无论在生理方面或心理方面,幼儿期的教育,都是非常重要的。儿童对社会适应得是否健全,儿童生理方面或心理发展的程度,是否表现着常态的前进,儿童对于卫生习惯有否养成,以及儿童身体健康,是否得着健美的发展,幼儿期的教育都该担负相当的责任。

- 引自《儿童心理学》1952年,载《陈鹤琴全集》第一卷,江苏教育出版社,2008年8月,第487页。

4. 普通的小孩子生来虽有种种不同之点,然大抵是相仿佛的。饿则哭,喜则笑;见好吃好看的东西就伸手拿来,见好玩好弄的东西就伸手去玩。然何以到后来有的会怕狗怕猫,有的敢骑牛骑马;有的身体强健,有的身体孱弱;有的意志坚决,有的意志柔弱;有的知识丰富,有的知识缺乏;有的专顾自己,有的体恤别人;有的多愁病,有的多喜乐;有的成为优秀公民,有的变为社会败类?推其原因,不外先天禀赋之优劣与后天环境及教育之好坏而已。

· 引自《家庭教育》1925年,载《陈鹤琴全集》第二卷,江苏教育出版社,2008年8月,第522页。

5. 小孩子的天赋虽好,必藉后天的教育方能得着发展;反而言之,后天的教育任凭怎样优良,若无先天的遗传为之基础,也无所施其技的;所以天赋与教育都是很重要的。

· 引自《家庭教育》1925年,载《陈鹤琴全集》第二卷,江苏教育出版社,2008年8月,第528页。

6. 儿童教育是一切教育的基础。这句话是谁都承认的:因为儿童虽然不必定说是社会的主人翁,可是儿童确是社会文化的承继者与创造者,将来社会文化的进步与否,全看现代的儿童教得如何而定。所以谈教育的人,都说要注意基本的教育——儿童教育。

• 引自《〈现代父母〉发刊辞》1933年,载《家庭教育与父母教育》,上海人民出版社,2016年1月,第181页。

7. 愿全国的父母、导师以及全国的成人们,随时随地本着"幼吾幼以及人之幼"的古训,各就自己能力所及之处,保育儿童,救济儿童,感化儿童。

• 引自《对于儿童年实施后的宏愿》1935年,载《陈鹤琴全集》第四卷,江苏教育出版社,2008年8月,第330页。

二

家庭教育的重要性

1. 孔子云:"少年若天性,习惯成自然。"俗谚云:"教儿婴孩。"前者是说习惯很能束缚人的,后者是说小孩子要从小教的,也就是说好习惯、好思想要从小养成从小灌输的。我们中国有许多人,方在盛年,即显出衰弱的现象,驼着背、耸着肩、垂着头,气息奄奄不绝如缕;讲到他们的道德,真所谓道其所道,非吾之所谓道,德其所德,非吾之所谓德,只知利己,不道利人,苟有利于己,虽卖国亦所不惜;倘利于人,即拔一毛而亦不为。至于他的知识,有的固然很丰富,但是有许多人实在是欠缺得很,他们有病,不求人而求神,不问医而问卜,倘有不测,即诿之于天,脑筋的简单,知识的缺乏,真和太古民族没有什么两样。我们看到这种人,一方面固然恨他,一方面实在很可怜他,恨他是因为他有害于人群,可怜他是因为他们小的时候没有受过良好的教育。不特没有受过良好的教育,而且受了恶劣的教育。对于这种人,我们非用尽九牛二虎之力不能改造他们的。不过对于如花含苞、如草初萌的小孩子,我们应当用很好的教育方法去教育他,使他们关于体德智三育都从小好好儿学起,那么老大的中国,未尝不可以一变而为少年的国家!不过少年中国的责任,固属诸今日之儿童,而造成少年中国的责任则属今日之父母。做父母的能够教育小孩子,而小孩子能够从小学好,则少年中国,即在其中了。做父母的,做小孩子的,大家努力!大家努力!幸勿失之交臂!

· 引自《家庭教育》1925年,载《陈鹤琴全集》第二卷,江苏教育出版社,2008年8月,第605—606页。

2. 我们再进一步说,实施儿童教育之最重要的场所,又在什么地方呢?这不消说,当然是在家庭了。儿童在未进学校之前,其品性、习惯、身体等,早已受家庭方面深刻而又长久的暗示;在既进学校之后,每天和家庭方面的接触,仍旧是占着时间的大部分,品性的陶冶、身体的发育和各种习惯的养成,可说无时不是受着家庭方面的影响,至于知识的灌输又在其次了。所以要讲究儿童教育,还要从最初的基本教育——家庭教育上注意。

• 引自《〈现代父母〉发刊词》1933年,载《家庭教育与父母教育》,上海人民出版社,2016年1月,第181页。

3. 若从小受了良好的家庭教育,虽生来怕狗怕猫,到大来也敢骑牛骑马的;虽生来不甚强壮,到大来也会健康的。若家庭教育不好,小孩子本来不怕动物,大来会怕的;本来身体强健的,大来会瘦弱的。至于知识之丰富与否,思想之发展与否,良好习惯之养成与否,家庭教育实应负完全的责任。

• 引自《家庭教育》1925年,载《陈鹤琴全集》第二卷,江苏教育出版社,2008年8月,第522页。

4. 对于儿童,做父母、做教师的责任,便是如何教导他们,使之成为健康活泼、有丰富知识、有政治觉悟和良好体魄的现代中国儿童、现代中国人。做父母、做教师的这个责任是重大的。漫不经心与敷衍塞责的作风,不但永远完不成自己的任务,而且,对于整个民族的子孙,也会种下深刻的祸害。如何建立父母与教师的人生态度? 如何改变旧社会成人对儿童的不良影响? 这不仅是一个教育问题而已,整个社会与制度都负有责任。不过我们从事教育的朋友,却决不能轻忽这个问题,甚且弃之而不顾。我们应当在教育的可能范围以内,来促进儿童教育的改善,来保证儿童教育的完成。

- 引自《儿童心理学》1952年,载《陈鹤琴全集》第一卷,江苏教育出版社,2008年8月,第407页。

5. 小孩子生来是无知无识的;不知什么是好,什么是坏。他一举一动可说一方面受遗传的影响,一方面受环境的约束,受教育的支配。小的时候,环境中最重要的因素是父母,教养中最重要的因素,恐怕也是父母。

- 引自《怎样做父母》1947年,载《陈鹤琴全集》第二卷,江苏教育出版社,2008年8月,第672页。

6. 儿童的性格基础是在家庭中建立的,这在苏联是一个肯定的教育原则。学校工作的成功要依赖家庭的协助和合作,所以各学校都设有父母委员会,校长和教师必须出席。他们经常举行座谈会,讨论儿童的训练问题;举行演讲会,请教育家、心理学家、社会工作者及医生对父母讲演。另外,父母自己按着学校的需要,捐助物资,帮助孤儿或穷苦的儿童或伤病者的儿女。有时学校缺乏教师,父母都自动出来解决学校的困难。在学校方面,教师必须访问学生家庭,认识家庭环境,而且同父母建立友谊的关系。

• 引自《苏联的儿童教育》1950 年,载《陈鹤琴全集》第四卷,江苏教育出版社,2008 年 8 月,第 367 页。

7. "现在的儿童,就是将来的国民。"这句话是谁也知道,谁也不能否认的。儿童既然是将来的国民,那么将来我们国家社会能否繁荣,全看这些儿童现在有无良好的教育和将来能否成为良好的国民;至于如何教育儿童,使他们成为良好的国民,这是我们成人的唯一重任了。

- 引自《在儿童节告全国成人们》1932 年,载《家庭教育与父母教育》,上海人民出版社,2016 年 1 月,第 183 页。

8. 身心健康是一个人最大的资本,民族健康是一个国家最大的资本。

- 引自《怎样锻炼小孩子》1951 年,载《陈鹤琴全集》第三卷,江苏教育出版社,2008 年 8 月,第 32 页。

三

现代父母教育与家庭教育

1. 吾人受教育时期,通常分为学校教育与社会教育之两大阶段,但是最初的,还是家庭教育。儿童在家庭中感受印象最大,一生不能磨灭,如若父母没有受过父母教育的训练,那末儿童教育便简直无从说起。父母还要别人去教,他们怎能去教儿女呢?从此可知,有了良好的父母教育,然后才能谈到良好的儿童教育。这个父母教育的问题,诚然是一个十分新颖,且又十分重要的问题。

• 引自《以现代人的眼光谈谈家庭教育》1934 年,载《家庭教育与父母教育》,上海人民出版社,2016 年 1 月,第 190 页。

2. 做父母的,要想把孩子养得好,在未做父母之前,应该问问自己:是否懂得养孩子的方法?有什么资格做孩子的父亲或母亲?怎样养育孩子,使得孩子身心两方面都充分而又正当地发育?这些,都该弄明白,才配做孩子的父亲或母亲。

• 引自《怎样做父母》1937年,载《陈鹤琴全集》第二卷,江苏教育出版社,2008年8月,第653页。

3. 家庭教育的主要人物,当然是父母了,故父母实负着教养儿童的天职。儿童在未进学校之前,身体的发育全仗他们照顾;品性的陶冶、习惯的养成又全仗他们的教导和暗示。但是既然科学昌明,养花、养树、养鸡、养牛以及养一切动植物的,都有人专门研究,大学里也设这类专门学科;教养儿童,当然要比养一切动植物来得困难,来得复杂。然而,现在有多少人会注意这种问题?这是一件多么不幸的事!

• 引自《〈现代父母〉发刊词》1933年,载《家庭教育与父母教育》,上海人民出版社,2016年1月,第181页。

4. 我们晓得栽花有了栽花的学识技能，花才能栽得好。养蜂有了养蜂的学识技能，蜂才能养得好。育蚕有了育蚕的学识技能，蚕才能育得好。甚至养牛、养猪、养羊、养马、养鱼、养鸟莫不都要有专门的学识技能。而一般人对于他自己的儿女反不若养鸡、养蜂、养牛、养猪来看得重要。我们只要是一个人就好像都有资格可以教养儿童的。至于怎样教养，怎样培育，事先既毫无准备，事后更不加研究；好像儿童的价值不及一只猪、一只羊。这种情形在中国是非常普遍的，司空见惯。我愿普天下做父母的，在未做父母之前，应当自问他有没有研究过怎样教养他未来的儿童，自问他自己应当有什么资格才配做父亲，应当有什么资格才配做母亲。对于儿童的生理，对于儿童的心理，在既做了父母之后，自问是否有相当的研究，相当的了解。我们应当如何以身作则，做小孩子的模范；如何教育儿童，做一个有益于社会的分子。

• 引自《怎样做父母》1935年，载《陈鹤琴全集》第二卷，江苏教育出版社，2008年8月，第649页。

5. 做父母、做教师的,要怎样来实践他们教导儿童的责任呢？我觉得可靠的途径之一,便是要了解儿童,儿童的喜怒哀乐、儿童的成长与成熟、儿童的学习与思想、儿童的环境以及从儿童新生到成长的整个过程当中所产生的一切变化与现象,我们都应有相当的研究与认识。只有在了解儿童之后,我们对儿童的教导,才能确实有效。

• 引自《儿童心理学》1952年,载《陈鹤琴全集》第一卷,江苏教育出版社,2008年8月,第407页。

6. 幼儿自一出生,就得到父母和家庭成员的保护和关怀。幼儿在家庭中感到温暖,得到抚爱,这对幼儿的感觉和情感上的发展特别重要。同时,幼儿个性形成的最初基础,也是在家庭中奠定的。家庭对幼儿的思想和行为习惯的影响是极大的。家长是子女的第一个老师,父母应尽到教育好孩子的责任。幼儿在父母那里学说话,认识周围事物,模仿父母言行,在父母影响下形成性格。因此,必须十分重视对幼儿的家庭教育。

• 引自《切实开展对幼儿教育的科学实验》1979

年,载《陈鹤琴全集》第二卷,江苏教育出版社,2008年8月,第504页。

7. 幼稚教育,原属父母的责任,从前是没有另立学校去教育那些幼儿的;就是现在有幼稚园了,那它究竟不能代替父母;没有家庭的合作,也决不能教育得有十分实效。这不但因为儿童与父母相亲的爱力深,相处的时间长,他们对于儿童的影响从而也较大,往往儿童在学校得到一些好处,抵挡不住家庭环境的坏处;而且在现今中国的家庭,似更有联络的必要。

• 引自《〈幼稚教育〉发刊词》1927年,载《陈鹤琴全集》第二卷,江苏教育出版社,2008年8月,第73页。

8. **母亲教育与儿童教育**。父母与儿童的关系,分别地讲述起来,母亲和儿童更加亲密。因此母亲教育和儿童教育的相关度也格外高。儿童在没有出世前十个月,早已受着母亲的体质和性情脾气的影响,出世以后一两年中间,无时不在母亲的怀抱,母亲的一举一动,在在都可以优先地影印入儿童的脑海,成为极深刻的印象。母亲如果受过良好的教育，她的习惯行动自然也就良好，在日常生活中间，她的儿童就会随时随处受到一种无形的良好教育；反而言之，如果母亲习惯行动不好，她的儿童就随时随处受到种种不良的影响。俗语说得好："先入为主""根深蒂固"，母亲教育与儿童教育的关系，也就可想而知了。

- 引自《儿童教育的根本问题》1934年，载《陈鹤琴全集》第二卷，江苏教育出版社，2008年8月，第647页。

9."父母"好像个个人可以做的，做父母的这种职业，好像是一种儿戏，也可以说是一种偶然的事件。我们知道，养蜂有养蜂学，养蚕有养蚕学，养牛有养牛学，栽花有栽花学，甚至于养鸡养鸭都有专门的学识。我们要栽花一定要请花匠，我们要养蜂一定要请懂养蜂的人去养。但是我们对于教养小孩子则不然，差不多任何人都可以教，任何人都可以养的，好像教小孩子比栽花养蜂都来得容易，小孩子的价值还比不过花木和牛马似的。现在做父母的都把小孩子做试验品，做牺牲品，他们做了父母，然后再来学习做父母，好像叫没有经验的徒弟来琢一块白玉。这种牺牲岂不是冤枉吗？难怪小孩子养不活教不好了。

• 引自《怎样做父母》1947年,载《陈鹤琴全集》第二卷,江苏教育出版社,2008年8月,第672页。

10. 总而言之,家庭教育是非常重要的,我们如若希望个个儿童都能获得良好的儿童教育,我们应该先去宣传父母教育,普及父母教育,使得个个当父母的,知道怎样去尽他父母的责任。"当父母是世界上最大的事",也需要一种艺术哩。对于已当父母的人们谈父母教育,甚是困难,因为各人有各人的成见;若对于快当父母而未当父母的人们谈父母教育,便来得比较容易了。因此,在今后的学校教育中,我们也应该列入父母教育一项才对。更因为家庭教育的成功,有赖于父母的协力合作,所以不独在女学生方面应该接受这种特殊教育的训练,即在男学生方面也应该接受这种训练哩。

• 引自《以现代人的眼光谈谈家庭教育》1934年,载《家庭教育与父母教育》,上海人民出版社,2016年1月,第191页。

11. 愿今后全国的父母们，都具有教育常识，切实了解儿童心理和儿童期的价值。愿全国的妇女们，都自觉着母性的伟大，注意胎教和妊娠期的卫生，造就优良和健全的国民。

• 引自《对于儿童年实施后的宏愿》1935年，载《陈鹤琴全集》第四卷，江苏教育出版社，2008年8月，第330页。

四

父母应改正不正确的家庭教育观念与行为

1. 中国当父母的人,对于儿童的观念,素来有三种错误:(1)儿童是一个小人。因为父母把儿童看成一个雏形的成人,要缩短他当小孩子的期间,使他早点成为一个大人,好做大人的事,于是儿童的地位便根本抹煞了,儿童的利益便被人忽略了。从前一个儿童在十三四岁的时候,他的父母便把他送出去学生意、做买卖,便是这种心理的表现。(2)儿童是父母的财产。俗语道:"积谷防饥,养儿防老。"可见为父母者,是已经把儿女当做资产看待了。父母如今在儿女身上用的钱,比如在商业上放出的投资,将来还要生出利息,可以收回来的。这么一来,儿童便成为父母的附属品,而失去了他们的独立人格了。(3)儿童是错的父母是对的。常言说得好"天下无不是的父母",可见得一切的理,都是父母的;一切的错,都是儿女的了。可是我们若仔细研究一番,拿教育家的眼光看过去,则在普通情形之下,儿童大都是对的,父母大都是错的。儿童纵然有时发生错误,那错误也大概是父母的错误所引起来的。

• 引自《以现代人的眼光谈谈家庭教育》1934年,载《家庭教育与父母教育》,上海人民出版社,2016年1月,第190页。

2. 我们现在要改正上面三种错误的观念,第一,要把儿童看为儿童,不可缩短儿童时期,不可剥夺他在儿童时期中应该享受的权利;第二,要尊重儿童的人格,不可把他当做资产看待,自私的爱,算不得真爱,惟独不自私的爱,才能算为真爱,要知道教养儿童,乃是父母应尽的责任,你能培植儿童,那便是为国家尽忠,为人类服务;第三,要打破自己的成见,遇见什么问题发生,应该虚心研究,是孩子的错就是孩子的错,是自己的错就是自己的错,不可冤枉小孩子。

• 引自《以现代人的眼光谈谈家庭教育》1934年，载《家庭教育与父母教育》，上海人民出版社，2016年1月，第191页。

3. 除了上面三种错误的观念而外，父母又时常在行动上犯下下面两种错误：(1) 夫妻们一有不睦，当着孩子的面，便争吵起来，甚而有时动武，这样便在儿童脑中留下极不好的印象。(2) 丈夫或妻子心中有什么不高兴，而又不便与家人冲突，便拿小孩子出气，以发泄他（或她）个人的胸中闷气，这样当儿童的就痛苦极了。怎样改正这两种错误的行动呢？第一，夫妻们最好彼此不要吵闹，倘若必须吵闹胸中才觉得舒服的话，那末最好的方法，便是关起门来，夫妻们在自己的卧室内吵闹一番了事，千万不要给儿童们看见、听见。第二，丈夫或妻子如若心中有什么不高兴的事，最好弹琴、唱歌，以自消遣，或者到外面散步、游逛，也可以消释怒气，切忌吹毛求疵，在小孩子身上出气，当着小孩子的面拍桌子打板凳，也是不可以的。

• 引自《以现代人的眼光谈谈家庭教育》1934年，

载《家庭教育与父母教育》,上海人民出版社,2016年1月,第191页。

4. 我常常看到许多做父母的,都免不了有这样一个错误的观念,以为只要把小孩子送进学校,管教问题都可由学校解决,自己只要负一部分养卫的责任。固然,在学校方面是不能推诿其责的,但不与家长取得密切的联系与合理的配合,恐怕还是不能称职的,要不然,并非我特意要强调,但事实上有许多孩子的坏习惯……多少还是在家庭里有意或无意中养成的。何况今日的国民教育,处处受着客观条件的限制,所以能尽到一部分的责任已经是很不容易了。这里,我希望做老师的与做父母的能多多注意这一问题,共同来负起这培养新的民族的幼苗的责任。

• 引自《怎样做父母》1948年,载《陈鹤琴全集》第二卷,江苏教育出版社,2008年8月,第679页。

5. 小孩子可以说是父母的镜子,怎样的父母,就在小孩子中反映出来。所谓"有其父必有其子,有其母必有其女"这话大概是对的,当然也有例外。有一个父亲最喜欢赌博,有时候他的小孩子站在桌子边看他赌。这个小孩子开始玩,玩的时候用蚕豆做筹码。他父亲看见了,以为无关重要,就让他玩弄。到了新年,这个小孩子居然拿出压岁钱来赌博了。他父亲以为这是新年,就让他赌博,也不禁止他。这个小孩子逐渐长大了,赌博的兴趣渐渐儿浓厚了,今天赌,明天赌,他一天到晚喜欢赌,把家里的产业赌光。就是当初做父亲的做了一个不好的榜样给他看,不能以身作则。

• 引自《怎样做父母》1947年,载《陈鹤琴全集》第二卷,江苏教育出版社,2008年8月,第672—673页。

6. **小孩子不是出气筒**。在家庭中,父亲在外面受了气以后,回家就对小孩子出气;夫妇之间,有了一点口角,也就迁怒小孩子,在小孩子身上出气。不但做父母的要拿自己的小孩子来出气,就是学校中的教师,也每每拿学生来出气。尤其近年来,由于教师生活的清苦,为柴米油盐,教师们的心境时常是很沉重的,因此,有时是无缘无故地会骂起小孩子来。我还看见过许多家庭中的仆人,他们受了主人的责骂之后,没有地方出气,于是就狠狠地把小孩子抱起来,重重地把小孩子放在桌上或地上,弄得小孩子莫名其妙,大惊痛哭。拿小孩子出气是很容易的,可是拿小孩子来出气,却正害煞了小孩子。父母把小孩子当做出气筒,无缘无故骂小孩子,打小孩子,使小孩子对打骂成了家常便饭,以后,小孩子真的犯了错误,你要责罚他时,他对这些习以为常的责罚,早已司空见惯,不会发生任何反应。

• 引自《怎样做父母》1948年,载《陈鹤琴全集》第二卷,江苏教育出版社,2008年8月,第695页。

五

"儿童期"的价值与意义

1. 对于个人而言,儿童期就是可塑性(plasticity)的意思。人的环境生活比较猴子的复杂万倍。数千万万人成了一个社会,我们在这种社会里做人,一定要学言语文字,要知风俗人情:什么战争、什么竞争,都要赖我们的武力智力去制胜;什么美术,什么制度,什么道德,都要赖我们的适应能力去学习。我们的环境生活既然这样复杂,我们的适应能力就要大了,要发展适应能力非有发展的时期和可以发展的性质不可。我们的儿童期就含这两方面意思:一方面儿童期是发展能力的时期,一方面儿童期具可以发展的性质,此即所谓可塑性或谓可教性(educability)。

• 引自《儿童心理之研究》1925年,载《陈鹤琴全集》第一卷,江苏教育出版社,2008年8月,第52页。

2. 儿童身体的外观,好像和成人是一样的,实际上可就不然。头及四肢和身体的比例,既然和成人大不相同,骨骼的构造,血液的密度以及肠胃的消化力,亦相差远甚。因为手足短小、骨骼柔软的原故,儿童应当有儿童的小桌椅和适合身量的衣服,否则长短高低,不与身体相称,不但发育方面将大受影响,体格上或恐要变畸形。因为儿童消化力不如成人的原故,就当吃富于滋养而容易消化的食物。可就现在社会上一般成人对于儿童的观念和态度看来,实在离开上面的条件太远了。公共场所既然缺乏儿童的设备,家庭中间大概都把成人当做中心。吃的方面,勉强着儿童吃成人吃的东西;坐的方面,勉强儿童坐成人所坐的大桌椅;穿的方面,也勉强儿童穿成人式样的衣服。一切生活都拿成人做标准,儿童好像是具体而微的小成人一样。这种蔑视儿童地位,戕贼儿童特性的事实,是非常危险的。所以我们现在第一急务,就是要把儿童当儿童看待。换一句话说,就是儿童在社会上应该占有相当的地位,得到相当的待遇。

• 引自《在儿童节告全国的成人们》1932年,载《家庭教育与父母教育》,上海人民出版社,2016年1月,第183—184页。

3. 文化是由人类用智慧造成,不是生物的遗传,乃是一种社会遗传,就是用人为的能力,一代一代地保持,一代一代地遗传。儿童期就是接收文化的时期。因为成人的学习能力,没有儿童期的大,几千年来文化的传递实在是儿童期的功用。不但传递文化,而且还要促进文化。遗传下来的能力和动作是固定的,固定的动作就不容易有进步。人类的动作大概都是靠后天的培养;人类的知识,完全是靠后天的学习。人类的知识愈高,能力愈大,所做的事业愈广,所发明创造的东西也愈多,社会的文化因此也就增高了。

• 引自《儿童心理之研究》1925年,载《陈鹤琴全集》第一卷,江苏教育出版社,2008年8月,第53页。

4. 对于家庭方面,儿童占极重要的地位,第一,巩固家庭的团结力,家庭有了儿童就不容易分离;没有了儿童,离婚的问题,就容易发生了。第二,有了儿童,家庭生活可以倍增快乐,不致孤苦无味。第三,有了儿童,家庭间的同情心可以格外地发展,牺牲的精神因而得着培养;互助互爱的动作,也可因此养成。所以儿童是一种家庭化和社会化的主要分子;也是一种改进家庭、改进社会和促进文化的原动力。

• 引自《儿童心理之研究》1925年,载《陈鹤琴全集》第一卷,江苏教育出版社,2008年8月,第53页。

5. 各样的小孩子,我们处理应用各样的方法。顽皮的小孩子我们不应当讥笑他,我们应当鼓励他;愚笨的小孩子,我们不应当羞辱他,我们应当体谅他,帮助他。要晓得所谓"顽皮愚笨"的小孩子,我们要问他是不是真正顽皮、真正愚笨。有时候小孩子何尝顽皮、何尝愚笨,这都是教师教导的不得法,或者是父母教养不得法而已。我们大概记得爱迪生幼时读书,教师说他非常愚笨,非常顽皮。他问先生为什么二加二等于四,先生反说他是有意捣蛋。读了三个月，先生就请他回家。类似这种情形，在学校和家庭里可以说是屡见不鲜。我敢说小孩子一点不笨，一点不顽皮，这实在是父母的笨，教师的笨，他们不懂得怎样教小孩，他们不明了小孩子的心理。

· 引自《怎样做父母》1935年，载《陈鹤琴全集》第二卷，江苏教育出版社，2008年8月，第651页。

六

尊重儿童,解放儿童

1. 我再简单地声明于下:(1)儿童不是"小人",儿童的心理与成人的心理不同,儿童时期不仅作为成人之预备,亦具他的本身的价值,我们应当尊敬儿童的人格,爱护他的烂漫天真。(2)儿童秉性好动,我们不要仍旧用消极的老法,来剥夺他的活泼天性,必须予以适当的环境,能使他充分地发展。(3)我们教育儿童,亦当利用他的好奇心。好奇心为知识之门径,我们当利导之。我们有些父母常常摧残这点好奇心,禁止儿童"多嘴"、"饶舌",这实在令人痛恨之极。(4)游戏是儿童的生命,游戏具种种教育上的价值,我们更加宜利用的,但是也要明白这个游戏是随年岁而变迁的。总而言之,我们应研究儿童的心理，施行教育当根据他的心理才好。

  • 引自《儿童心理及教育儿童之方法》1921年，载《陈鹤琴全集》第一卷，江苏教育出版社，2008年8月，第7页。

2. 我们为什么叫儿童穿起长衫来？为什么称儿童叫"小人"？为什么不准他游戏？为什么迫他一举一动要像我们成人一样？这岂不是明明证实我们以为儿童同成人一样的观念么？儿童既然同成人一样，所以他亦应当穿成人的长袍马褂，不晓得长袍马褂于他的行动大生妨碍，并很违逆他的好动本性。至于叫他端端正正地坐在家里，不得往外游戏，这是愈不对了。但以上所说的误谬观念、误谬教育，到了今天仍是如此。假使我们要收教育的良果，对于儿童的观念，不得不改变；施行教育的方法，不得不研究。

  • 引自《儿童心理及教育儿童之方法》1921年，载《陈鹤琴全集》第一卷江苏教育出版社2008年8月，第1页。

3. 但是由于有许多做父母的总不放心他们的小孩子到外面去,一则恐怕身体疲乏,二则恐怕衣服弄脏,三则恐怕感冒风寒,所以一天到晚,将他们关在屋里,好像囚犯一样,所以这种儿童长大起来,往往身体孱弱、知识缺乏,当年做父母的爱护子女,到了今天适足见其贻害子女了。

• 引自《家庭教育》1925 年,载《陈鹤琴全集》第二卷,江苏教育出版社,2008 年 8 月,第 525 页。

4. 小孩子有小孩子的意志,小孩子有小孩子的人格。成人应当尊重小孩子的意志,尊重小孩子的人格,任意把小孩子当做出气筒,这我们应当力予反对。成人们!当我们受到别人的气的时候,应当仔细地想一想,针对问题,探求合理的解决,消除受气的原因。要尊重小孩子的意志,要尊重小孩子的人格,切不可拿小孩子来做出气筒!因为小孩子不是我们的出气筒。

• 引自《怎样做父母》1948 年,载《陈鹤琴全集》第二卷,江苏教育出版社,2008 年 8 月,第 696 页。

5. 在传统的学校教育之下，儿童的一切工作，都是在被动的情境下进行的，在儿童心里觉得这是老师叫我做的工作，这样，工作就变成"还债"式的了。因此，儿童的生活是枯燥的，情绪是冷淡的，总之，埋没了儿童的力量，摧残了儿童的创造力。从这一个观点上来看，全中国的儿童都是不幸的，他们做了父母的奴隶，做了老师的奴隶，儿童要从家庭和学校的牢笼中解放出来。换句话说，他们要做主人，计划自己的工作，完成自己的工作，无须老师或父母来越俎代庖。这样才能真正发展儿童的才能，在自由和独立的情境中，他们对于工作是热烈的，他们有力量来完成自己的计划。

• 引自《重视儿童的力量》1947年，载《陈鹤琴全集》第四卷，江苏教育出版社，2008年8月，第339页。

第二章
做父母的艺术(一)

一

父母教育儿童应该"慎始"

1. 有一位琴师出一张招生广告说:"未学过琴的,学费一元;已经学过的二元"。这张广告使得许多人怀疑,以为学过琴的已经懂得一点,教起来比较未曾学过的来得容易,学费也应当便宜些。现在不但不便宜,而且还要贵一元,究竟是什么道理?后来这许多话被琴师知道了,他就对他的朋友说:"你们哪里知道,未曾学过琴的,不过不会弹琴罢了,没有什么病根的。至于已经学过琴的,不但不会弹琴,而且学了许多弊病。我现在要教好他,非先把他的病根除去不可。既要除去他的病根,又要教好他,比较未学过的已经多一层困难了。所以学费也应当贵一倍"。这个例子大可证明小孩子对于各种东西,俱需从小学好的。做父母的教育小孩子,尤应当特别谨慎的。因为小孩子年龄幼稚,意志薄弱,很容易受教育的影响的。

• 引自《家庭教育》1925年,载《陈鹤琴全集》第二卷,江苏教育出版社,2008年8月,第605页。

2. 墨子见染丝者而叹曰:"染于苍则苍,染于黄则黄,所入者变,其色亦变,五入必而已,则为五色矣,故染不可不慎也"(《墨子·所染篇》)不独丝是这样,就是小孩子也是这样的。小孩子在未受教育以前,好比是一索素丝;受了教育以后,好像一索素丝已经着了颜色。学得好就好,学得不好就不好。等到学得不好,以后做父母的即使要去教他好,也是很不容易的。

• 引自《家庭教育》1925年,载《陈鹤琴全集》第二卷,江苏教育出版社,2008年8月,第605页。

3. 有一天,一家店里宰猪,孟子看见了这种情形,就去问孟母:"东家为什么杀猪?"孟母当时没有留心,随便说了一声:"杀了猪,给你吃。"过后,她自悔失言,责备自己说:"我怀妊这个小孩子的时候,一切都很留意,什么桌子摆得不正,我不坐;肉割得不正,我不吃,这是最好的胎教。现在他已经有点知识了,我应格外留心教他,为什么我还是欺骗他,教他没有信仰,教他撒谎呢!"她就马上去买了一块肉来,做给孟子吃。这可见孟母之勇于改过,善于信守了。

· 引自《怎样做父母》1947 年,载《陈鹤琴全集》第二卷。江苏教育出版社,2008 年 8 月,第 671 页。

4. 小孩子初生时是无知无识的,他所看的、所听的和所接触的,都要印刻在他的脑海中间,而他的反应动作也是以这种印象为张本的。倘若他所听见的言语都是文雅而不粗俗的,那他将来说的话也一定是文雅不粗俗的;倘若他所看见的东西都是齐整清洁的,那他定能爱护清洁整齐的东西。所以做父母的一方面必须事事以身作则,一方面必须选择优良的环境使小孩子得到优良的刺激和印象。

· 引自《家庭教育》1925 年,载《陈鹤琴全集》第二卷,江苏教育出版社,2008 年 8 月,第 530—531 页。

二

父母怎样利用模仿支配儿童动作

1. 儿童的模仿力实在是大,不仅对于言语是如此,对于一国风尚文化亦莫不如此。这样说来,寻常儿童的优劣智愚,虽有先天的基础,亦决定于后天环境的影响。倘若儿童处的环境是卑鄙龌龊的,那末难望其光明正大的了;倘若环境是奢侈繁华的,难望其能节俭朴实了。孟母三迁择邻,就是为了这个缘故。那么,儿童的模仿心在教育上有什么价值?我们应如何利用模仿心呢?做父母的要格外留意,因他们的一举一动,都能影响他们的儿童。做师长的,亦须"以身作则",烟酒嫖赌,尤宜戒绝。

- 引自《儿童心理及教育儿童之方法》)1921年,载

《陈鹤琴全集》第一卷,江苏教育出版社,2008年8月,第2页。

2. 普通的小孩子,在家不知道外边的人,当然以父母及亲戚为模范人物。进了学校,就要模范教员了。十三四岁,就要模仿他同伴中强有力的人物。到了十八九岁,随着他能力的提高,知识的丰富,他就要模范宗教上或社会上的人物了。

- 引自《儿童心理之研究》1925年,载《陈鹤琴全集》第一卷,江苏教育出版社,2008年8月,第333页。

3. 小孩子好模仿的,家中人之举动言语他大概要模仿的。若家中人之举动文雅,他的举动大概也会文雅的;若家中人之言语粗陋,他的言语大概也是粗陋的。所以做父母的不得不事事谨慎,务使己身堪有作则之价值。

- 引自《家庭教育》1925年,载《陈鹤琴全集》第二卷,江苏教育出版社,2008年8月,第523页。

4. 小孩子既好模仿,做父母的一方面要以身作则,

一方面还要替他选择环境以支配他的模仿。小孩子好模仿的。虽然他模仿的结果与所模仿的动作不尽相同,但有几分是相仿佛的。如一鸣虽不能唱出像我所唱的声调与歌词,但能唱出一种有调的声音来,显出他的模仿。对于模仿事物的程度,年纪大的儿童大概比年纪小的儿童来得高;聪敏的儿童大概比愚笨的儿童来得深。还有一层,我们要知道的:就是小孩子的善恶观念很薄弱,普通知识很肤浅,所以对于所模仿的事物,他毫不加选择的。比方他看见他父亲随地乱吐,他也要吐吐看;看见他父亲吸烟,他也要吸吸看;或者他听见他母亲以恶言骂人,他也要骂骂看;看见他母亲做针线洗衣服,他也要做做洗洗看。总而言之,我们成人的一举一动,一言一语,都能影响小孩子的,他看了听了之后,或立刻就要去做做看,说说看,或到了后来才做出来说出来;他所做的和所说的与我们成人所做的所说的不同,但却有几分是相像的,所以我们做父母的一面事事要以身作则,一面处处要留心小孩子所处的环境,使他所听的所看的都是好的事物。这样,他自然而然也受了好的影响。

- 引自《家庭教育》1925年,载《陈鹤琴全集》第二

卷,江苏教育出版社2008年8月,第537—538页。

5. 不仅成人不应当模仿儿童的孩子话,而且,成人跟别人说话时,应当特别注意到儿童的模仿。儿童每每在看到成人的谈吐态度之后,而留有深刻的印象,甚至把成人的谈吐态度,转变为自己的谈吐态度。因此,成人不良言语的习惯,每易遗留给儿童。正因为这个缘故,所以,假使你要儿童讲话清楚而且态度谦和,那么你在他的面前和别人说话时,应当说得清楚而且态度谦和。你对儿童说话时,也应当保持这种态度。

• 引自《儿童心理学》1952年,载《陈鹤琴全集》第一卷,江苏教育出版社,2008年8月,第462页。

6. 儿童既喜欢游戏,我们就可以利用游戏来支配他的动作,来养成他的习惯。比方小孩到了晚上应当去睡眠的时候,做父母的不要不问他愿意不愿意,就把他领到寝室里去睡眠,也可以不必用命令的手段叫他去睡眠……他若不愿意,恐怕他就要哭了;你命令他,他若不去,就违背你的命令,两者都不妥当。最好你可以用游戏式的方法叫他去睡,比方叫他骑在肩上,做骑马的样子,骑到寝室里去休息。再比方儿童不愿意洗鼻,你强迫他,他一定要哭。你可以告诉他说:"你晓得门是很脏的,我们要洗洗它。房子里的灰尘很多,我们要扫扫它。你看我这个门(指着自己的鼻孔)干净不干净,房子里面有没有灰尘?我已经把它们弄干净了,现在看看你的门(指着他的鼻孔),哎呦!很脏呀!我们把它洗干净。"照这样做法,小孩子不但愿意洗鼻,而且很高兴做的。这种游戏性的教育,可以应用到儿童种种动作上面去,以养成他的种种好习惯。

• 引自《儿童心理之研究》1925年,载《陈鹤琴全集》第一卷,江苏教育出版社,2008年8月,第172—173页。

7. 儿童如果没有模仿的能力,绝对不能模仿。所以四五个月的小孩,不能模仿写字、读书、缝纫等事,只能模仿声音。所以不要勉强儿童模仿他所不能模仿的东西。

• 引自《儿童心理之研究》1925年,载《陈鹤琴全集》第一卷,江苏教育出版社,2008年8月,第141页。

8. 今天他父亲做了一个书架子给他,架子的下面有三个抽屉,可以放玩物,架子上面两格可以放书,最上面一格放别人的书,下面一格放自己的书。比方他把自己的书放在别人的格子里,他父亲就对他说:"这是父亲的。"并指着下格说:"放在这里。"这就可以养成他守秩序的观念。

• 引自《儿童心理之研究》1925年,载《陈鹤琴全集》第一卷,江苏教育出版社,2008年8月,第85页。

三

积极的鼓励胜于消极的制裁

1. **对于教育小孩子,做父母的最好用积极的暗示,不要用消极的命令。**民国十二年(1923年)五月十日,我看见一鸣拿了一块破烂的棉絮裹着身体当毡毯玩。那时候,在我脑筋里就起了许多感想:我还是立刻把他的破棉絮夺去呢,还是让他玩弄得着一种经验;还是叫他把棉絮丢掉,用别的东西去替代。仔细一想,用积极的暗示去指导他好。我就对他说:"这是很脏的有气味的,我想你一定不要的,你要一块干净的,你跑到房间里去问妈妈拿一块干净的。"他听了,就跑到房里去换了一块清洁的毯子。

讨论:一般人,受激励而改过,是很容易的;受责骂而改过，比较地是不大容易的，而小孩子尤其喜欢听好话，而不喜欢听恶言。我知道小孩子大概有这种心理的，所以以激励教育法去教训一鸣，一鸣一听见我奖励他，就很高兴地去改他自己的过失了。倘使我一看见他玩那块破烂棉絮的时候，就把那块棉絮夺下来替他换了一块新的，那恐他对于我的动作要莫名其妙，而且又要发生怨恨。他不但要拒绝我的意思，而且还要哭泣。即使我不去夺他的棉絮而对他说"这东西是脏的，有气味的，赶快去丢掉"这种话，那他虽知道这东西是脏的，不应当玩的，但是因为没有好的东西来代替，恐怕他仍旧不肯舍弃的。还有一种教育方法，就是一方面说这东西是脏的，是不好的；一方面叫他去拿一块好的，那他就变成被动了，他自己要觉得不好意思的。我知道以上的第一种方法是绝对不能用的，第二、第三两种方法也是不大好的，所以就用言语来激励他，使得他居于自动的地位，而且使得他很高兴地去做。多数做父母的一看见小孩子玩肮脏的东西，就不期然而然地去把它夺了来，而且还要骂他，甚至于还要打他。其结果，小孩子改过的少而怨恨父母的多；既不怨恨父母，至少也要有一点不喜欢父母了!还有许多小孩子因为他们父母常常去责骂他,慢慢儿就不以父母之言为意。做父母的一面去夺他肮脏的东西,做小孩子的一面依旧去拿来;做父母的一面骂他,而他依旧玩弄脏的东西。这种事实,在社会上我们是常常见到的,我也可以不必举例了。做父母的以这样去教训小孩子,使得小孩子非但不能改过,而且慢慢儿养成顽皮的恶习惯了。

• 引自《家庭教育》1925年,载《陈鹤琴全集》第二卷,江苏教育出版社,2008年8月,第535—536页。

2. 我们小时候在私塾里读书的时候,老师天天把我们所写的字写得好的用红银硃打一个圈,写得不好的打一个叉。我们今天若是得了许多"红鸭蛋",心里就很高兴,下次习字的时候,还要更加用心。我们若是今天"吃了几根杆子",心里就觉得不快乐,回家去也不愿意给父母看;第二天习字的时候,我们或者有点不大起劲,或者鼓着勇气再尝试一下,看这次写得如何。若是这次又"吃了许多杆子",那第三天习字的时候,就不高兴习了,所写的字也就写得不好了。

讨论：从这一点看来，小孩子喜欢奖励的，不喜欢抑阻的。愈奖励他，他愈喜欢学习；愈抑阻他，他愈不喜欢学习。愈喜欢学习，经验愈丰富，学习的能力发展得愈大；学习的能力发展得愈大，所学习的事就愈容易学会；学会的事体愈多，做事的自信心就愈强。若小孩子愈不喜欢学习，就愈不去学习；若愈不去学习，做事的能力就愈加薄弱。

- 引自《家庭教育》1925年，载《陈鹤琴全集》第二卷，江苏教育出版社，2008年8月，第536页。

3. 鼓励法。小孩子喜欢听好话的，穿了一件新衣服，就要给别人看，要别人夸赞他几句。做父母的，可以利用小孩这种心理，指导他的品性和行为。父母看见小孩子做一件好的事情，就应该鼓励他几句，使他再努力学好；看见小孩做一件坏的事情，也要用积极的方法，鼓励他努力改正。有一天，我看见一个小孩讲话讲得响一点，关门关得重一点，他母亲就骂他说："你不要瞎喊！门不要瞎关！唉！你这个小孩子本来很好的，为什么现在这样子坏？你不要学某某人的样！"这孩子本来是很好的，听了他母亲的话,反而顽皮起来,真个有点学他母亲所说的那个坏小孩的样子了。当时这个小孩的母亲,应当好好地对他说:"好孩子,你来!你晓得某某人讲话讲得低低的,关门关得轻轻的。我知道你讲话也能讲得和他一样低,关门也能关得和他一样轻。"这样的话,那个小孩子必定喜欢听。所以,积极的鼓励比消极的制裁要好得多。

• 引自《怎样教小孩》1937年,载《陈鹤琴全集》第二卷,江苏教育出版社,2008年8月,第659页。

4. 我们应当按照小孩子的年龄知识而予以适当的做事动机。举例:一鸣小的时候(约1岁半到2岁半),凡他看见了肮脏的东西在地上,我总对他说"脏得很",有时我自己把脏物拾掉,有时叫他拾掉。到了后来(从2岁半到4岁),凡他看见地板上的脏物如纸片、细棒等,我总叫他拾掉说:"客人看见不好看。"或他有时候游戏之后把房间的椅凳弄得东倒西歪,把玩具满地乱掷,我就对他说:"客人来了不好看。若客人问起谁把东西弄得这样难看,说一鸣弄的,一鸣要倒霉的很。"他听了之后,就去把椅凳摆好,玩物藏好;有时候他玩得已经太疲倦了，我就帮助他把房间整理好。

讨论：小孩子年幼的时候，没有什么"客人"的观念，也没有什么"羞耻"的意思，但是稍微有点肮脏与清洁的意思，所以我们就可以利用他的这点意思去教他爱护清洁，憎恨肮脏。待他年纪稍大一点，知道羞耻的时候，我们不但可以利用他的清洁观念，也可以利用他的羞耻之心以养成他的爱美习惯。若他年纪再大一点，知识稍开一点，我们不但可以教他肮脏的东西是肮脏的，是不好看的；我们也可以教他肮脏的东西是妨碍卫生的。总之，年纪愈大，知识愈开，所用的教法也应依年龄知识而变迁才好。

- 引自《家庭教育》1925年，载《陈鹤琴全集》第二卷，江苏教育出版社，2008年8月，第541页。

5. **不应当禁止小孩子去探试物质。**小孩子不玩雪，则不知道雪是冷的，雪是遇热而融化的；不玩沙石，则不知道沙石是硬的；不剪纸、不敲钉，则不知道钉和纸的性质，锤和剪的用法，所以小孩子试验物质可以得到许多经验，长进许多知识。做母亲的也未尝不喜欢他们的儿童经验丰富、知识长进，但是因为恐怕小孩子衣服弄脏、皮肤受伤，所以常常去阻止他们。其实皮肤损伤是不要紧的，衣服弄湿弄脏，只要替他们换换罢了，何必阻止他们呢？化学家试验化学常常将衣服弄破，但是化学家不因此而废学；体育家运动常常皮肤受伤，但是体育家不因此不运动。是可知受一次损伤就有一次经验，弄一次血出即长一次知识，小孩子试验物质也是这样的。常有做父母的不明了这一点而去禁止他们的小孩子，真可谓"爱之而适足以害之"了。

• 引自《家庭教育》1925年，载《陈鹤琴全集》第二卷，江苏教育出版社，2008年8月，第634页。

6. 一鸣有一天，因为天气很冷，不愿意穿大衣。我对他说："你要像你邻舍小朋友穿得一样好看。"他不肯。后来我对他说："我替你穿衣服，穿好了，你就像一个将军了。"他就穿了。他平日很喜欢看兵和学兵的，尤其是喜欢学做将军的，所以今天我利用这种心理去达到帮他穿大衣的目的，否则他必定不肯穿了。如果你逼他穿，就违反他的意愿了。又有一天，我们到外面去举行野外聚餐的时候，他要别人抱了去。后来他母亲对他说："你是个勇敢的小孩子！"他听见这种话，就高兴地自己走了。我有一次给他一个泥塑的狮子，他拿了去就在石板上敲敲。我对他说："这个狮子是泥做的，很容易弄破，你不要去敲它。"他就听了我的话立刻不敲了。

• 引自《家庭教育》1925年，载《陈鹤琴全集》第二卷，江苏教育出版社，2008年8月，第591页。

7. 积极地鼓励儿童工作，并不是要对儿童姑息。有许多家庭，每因过分地溺爱子女，于是，什么都听其自便。他要饼吃，就给他饼吃；他要打人，就让他打人；他要骂人，就让他骂人。这种姑息迁就，适足以发展儿童的自私心，对于儿童心理生活，为害很大。另外有一些家庭，他们把儿童当做一个具体而微的成人，处处用成人的意志来要求儿童，用成人的道德规范儿童。他要玩玩水，母亲就说："衣服要搅湿的！"他要跟别的小朋友玩玩，他母亲就骂他说："你要造孽了！"他在吃饭的时候发表意见，他的母亲就会说："小孩子吃饭，不许饶舌！"他在家中游戏，父亲就要说："不要顽皮！"做父母的根本不把儿童当做儿童,他们把儿童当做自己的附属物,以自己的意志做儿童的意志,以自己的性情做儿童的性情,管理儿童可以说极其严厉。结果,儿童一切活动的倾向都给摧残掉了!姑息儿童固然不妥当,严厉管束,同样地对儿童无益。做父母或教师的,对这一点应当有适当的调节与改进,以教育儿童来作为自己的责任。

• 引自《儿童心理学》1952年,载《陈鹤琴全集》第一卷,江苏教育出版社,2008年8月,第488页。

8. 注重自动。小孩子生性是好动的,几天大的小孩子,睡在床上,就能稍稍运动手足。这样好动的天性,与他的能力的发展有密切的关系。倘若做父母的事事代替他做,使他没有自动的机会,那他就不能得着经验,而能力也就无从发展。我常常看见许多做母亲的,溺爱他们的子女,小孩子小的时候,总是抱在手里,使他不得自由爬行;小孩子行走的时候,偶然跌了一跤,母亲就赶快跑过去把他扶起来;小孩子的起居饮食,完全由父母代理,以致到了十来岁的小孩子,往往还有事事要依赖父母的。我们知道,学由于做,不做是学不会的。比如教人游水,你在陆地上讲了许多方法给他听,或者你在水中做了许多动作给他看,而不叫他自己去游泳,这个人一旦到了水里,还是要沉下去的。游水非要他自己游不可,你替他代游,不过枉费心力,或者使你自己更练习得好一些,对于学的人是毫无益处的。代小孩子做事,也是这样的,有时候不但没有益处,并且还有害处。小孩子不去做,就不能得着经验,能力也不能充分发展,到了大了变成一个很无用的人,这种损失实在是很大的。

• 引自《怎样教小孩》1937 年,载《陈鹤琴全集》第二卷,江苏教育出版社,2008 年 8 月,第 659—660 页。

9. 总起来说,积极的鼓励比消极的刺激来得好,但是鼓励法也不可用得太滥,一滥恐失其效用;刺激法若用得其当,也是很好的,不过只可偶一为之而已。我们做父母的要晓得小孩子是小孩子,他的经验不像成人的丰富,他的做事能力不像成人的强大,他的知识不像成人的充分,所以我们不要以成人的标准去批评小孩子的工作才好。

• 引自《家庭教育》1925 年,载《陈鹤琴全集》第二卷,江苏教育出版社,2008 年 8 月,第 537 页。

四

做父亲的应当同儿童做伴侣

1. 举例：我们旧家庭里面的父亲，大概不同小孩子做伴侣的。不要说别人，就是我的父亲对待我非常严厉，从没有和我做伴。我在6岁以前未曾和他一同吃过饭。我独自吃饭或同别人一同吃的时候，倘使高兴起来说说笑笑顽皮顽皮，那么别人就立刻说："我要喊了！"或吓我说："你爸爸来了！"我听到他们这种声音，正如同听见轰雷一般吓得魂飞九天之外。现在我父亲早早死了（当我6岁的时候），不过，那种可怕的景象还时时印在我的脑筋里，永远不能忘却。现在我对待我的小孩子一鸣是这样的，有时候同他到旷野里去散散步，有时候同他到街上去买东西，有时候同家人和他举行野外聚餐。

总说一句,我有空闲的时候,总同他做伴的。我觉得,我们天伦的乐趣、父子间的感情,也来得格外浓厚。

讨论:父子不做伴侣,则父子间容易发生隔膜。父不十分爱其子,而子则竟不知爱其父,因此名虽父子,实同路人了。有时候做父亲的偶然高兴起来,要和子女说笑说笑,但是他的子女一见了他的父亲,就一声不敢出声。父亲问他一句,他就说一句,不问则不说;父亲叫他立则立,叫他坐则坐,叫他进则进、退则退,天真浪漫的一个小孩子,此时竟同木鸡一般了。我想,做小孩子固然乏味,但是做父亲的,在这个时候,也未见得有趣。在头脑顽固的人说起来,以为做父亲的应当不和小孩子做伴,使得小孩子怕;做小孩子的也不应当同他的父亲做伴,需要怕他的父亲。不知道怕到极顶,大家就要发生恶感,做父亲的打骂他的子女,做子女的讥诮他的父亲,因此就父子相夷了。这样愈说敬而愈不敬,愈说孝而愈不孝,推其原因,一部分实由父子不做伴侣的缘故。父子不做伴侣,于感情上既然如此,于训育教育两方面也有很大的害处。我常看见有许多小孩子喜欢吃烟吃酒,以及做种种不卫生、不道德的事情,而他们的父亲实在是一个很有规矩、很有道德的人,那么做父亲的为什么不去训他们的子女呢?他们并不是不喜欢去训他们的子女,实在是因为没有和子女做伴,不晓得子女种种事情的缘故。我又看见许多家庭的子女,知识缺少,人情不懂。他们的父亲并不是不愿意去教他们,也是因为不和他们做伴,不知道他们知识缺乏、人情不懂的缘故;即使知道了,去教训他们,但是因为大家不相接近的缘故往往发生隔膜。

• 引自《家庭教育》1925年,载《陈鹤琴全集》第二卷,江苏教育出版社,2008年8月,第544—545页。

2. 举例:小孩子的知识是很缺乏的,做父亲的应当常常同他做伴侣灌输给他一点知识。我有时候同一鸣看看图画,讲讲故事;有时候同他到野外去走走;有时候同他到街上去看看,随时随地多少总使他增些知识,得些快乐。

讨论:有人说做父亲的同小孩子做伴,那么小孩子慢慢儿就要轻视父亲了。父亲的斤两都被小孩子称过了,那做父亲的以后就不能教训他了。假使做父亲的不同小孩子做伴,除了应当见面的时候,就不同他说笑一句,那么小孩子就怕父亲了,骂也听了,打也不敢恨了,长大起来就可以变成好人了。我说不然。做父亲的同小孩子做伴,并不是同小孩子轻狎。轻狎则小孩子容易生藐视心,而做伴则不要紧的。以前,颜之推先生说:"父子之间不可以狎;骨肉之爱,不可以简。简则慈孝不接,狎则怠慢生焉"(《颜氏家训·教子篇》)我说颜先生这几句话说得真不错,我们做父亲的实在应当如此。清朝乾隆的时候,有一位崔述先生,他的父亲是常常同他做伴的,有时候教他书,有时候同他到城墙上去玩玩,同他看看山呀,讲讲故事呀。你看,崔先生父子间几多快乐。

• 引自《家庭教育》1925年,载《陈鹤琴全集》第二卷,江苏教育出版社,2008年8月,第545—546页。

3. 举例:至于父子不做伴的,外表上做儿子的虽然怕父亲,但是他心里未必是爱父亲的。我看见有一位六十多岁的钱老先生,他对待他的儿子是很严厉的,儿子也很怕他。有一天他的儿子在赌场上看赌,被他知道了,他立刻叫人去找他儿子回来,教他自己脱去衣服跪在灶司面前。钱老先生举起可怕的藤条在他三十多岁儿子的身上大打而特打,你看这种威严,威到极顶了。似乎他的儿子以后永不敢涉足赌场了。不料过了十多年,这位钱老先生死了,他的儿子就大赌特赌了。现在我听说,他的遗产已去了一半了。

讨论:你看这样严的父亲竟不能教好他的儿子,是什么缘故呢?我想这位钱老先生只能一时禁止他儿子的行为,而不能够改他的儿子的心,所以到后来他的儿子非但去看赌,而且也要赌博了。倘使钱老先生当他儿子小的时候常常同他做伴,经常给他讲道理,教训他,那么父子间的感情就可以融洽,他的儿子也不忍违背他的教训去赌博了。所以我说父子应该做伴侣的。

- 引自《家庭教育》1925年,载《陈鹤琴全集》第二卷,江苏教育出版社,2008年8月,第546页。

4. **不要以"父亲"的名义来恐吓小孩子**。举例:有许多做母亲的因为要禁止小孩子不要做某一件事,就以父亲的名义来恐吓他,如小孩子玩弄碗碟杯盘等东西,做母亲的恐怕他弄破打碎,就吓他说:"爸爸来了!快些放下来!"有时候因为小孩子不肯穿衣服穿鞋子,有时候因为小孩子吃饭要吵,就对他说:"爸爸来打了!"小孩子恐怕父亲来打骂他,只好唯母命是从了。还有许多做母亲的因为要强迫小孩子做这件事或那件事,也常常以父亲的名义来恐吓他,如叫小孩拾一样东西,小孩子不高兴去拾,做母亲的就吓他说:"你爸爸来了!"又如小孩子不肯到幼稚园里去读书,做母亲的因为要强迫他去,也常常以这种方法来对待他。其他诸例,实更仆难数,只好略而不举了。

讨论:做母亲的以父亲的名义去吓小孩子的缘故,是因为小孩子一听见了父亲,恐怕父亲去打他或骂他,就不敢做这件事或不得不做这件事了;倘使去劝告小孩子,或以自己的名义去禁止小孩子,那小孩子未必肯听。做母亲的因为小孩子以恐慌而支配他的动作来得容易,所以就用这种方法来对待他。其实,这种方法是很不对的。小孩子因为恐怕而不敢做或不得不做,但是他的心里是很不高兴的,而且以后对他父亲真如小鬼对阎罗王一般,父子间的感情就从此没有了。所以以父亲的名义去吓小孩子,简直可以说是离间他们父子,是很不应当的。做母亲的应当以劝告或鼓励的方法对待小孩子,使他高兴去做。

- 引自《家庭教育》1925年,载《陈鹤琴全集》第二卷,江苏教育出版社,2008年8月,第591页。

五

儿童应从小锻炼身体

1. 锻炼小孩子的方法很多,有的比较严肃,有的比较有兴趣,有的从兴趣观点来看比较平凡。严肃的方法,如用冷水洗澡;有兴趣的方法,如各种球类比赛,各种用适当设备的运动(像"荡秋千"、坐"摇船""摇马"等);兴趣平凡的方法,如各种徒手操,这比起游戏来是比较枯燥一点,但若是领导有方,也可以发生很大的效用。

• 引自《怎样锻炼小孩子》1951年,载《陈鹤琴全集》第三卷,江苏教育出版社,2008年8月,第32页。

2. "摇!摇!摇!摇到外婆桥,外婆叫我好宝宝!"这是首民间著名的童谣,描写做父母的抱着孩子作摇船的姿势摇动着。这首童谣,证明小孩子喜欢坐摇船的,就是说小孩子喜欢摇的一种动作。从儿童心理讲,婴儿一生出来,第一天就能感觉摇的动作。假使你第一天把他放在摇篮里,摇着他睡,一个星期以后,你非要摇他不可了。摇的动作,确是小孩子所喜欢的,而这种动作,假使从小给小孩子做,到大来晕船晕车的一种毛病,就要少得多。因此我根据儿童的这种心理、儿童的这种需要,叫木匠做了几只小船,给小朋友玩,果然小朋友非常喜欢。这种船还有什么好处呢?就是小孩子一人可以玩,许多人也可以玩,许多小孩子玩的时候,一种同舟共济合作的精神,就可以慢慢儿养成了。

• 引自《怎样锻炼小孩子》1951年,载《陈鹤琴全集》第三卷,江苏教育出版社,2008年8月,第33页。

3. 儿童学习运动的进程中,不免要跌跤,甚至跌破了头或擦破了膝盖。如果遇到这种情形,做父母的切不可谴责或打骂儿童,我们应该用很好的话来鼓励他,以维护他的学习兴趣。

• 引自《儿童心理学》1925年,载《陈鹤琴全集》第

一卷,江苏教育出版社,2008年8月,第443页。

4. 社会化的运动器具比团体化的运动器具要好。"社会化"这三个字,是有组织的意思,是有合作的意思。这种运动器具是最有价值的。价值究竟在哪里呢?一是训练儿童怎样合作;二是培养儿童怎样组织;三是增进儿童身心的快乐。像木球、棒球,都是需要多数儿童组织起来比赛的,而比赛的时候,一定要合作,一定要互助,一定要牺牲,不能一个人独玩的。团体化的游戏,无非表示许多儿童一起玩而已,没有组织,用不着合作,不过玩的时候,儿童需要遵守一定的规则,如同玩滑梯,一个一个地上来,一个一个地下去,不能争先恐后,你抢我夺。所以社会化的运动器具比团体化的还要来得好,是有相当价值的。

· 引自《怎样锻炼小孩子》1951年,载《陈鹤琴全集》第三卷,江苏教育出版社,2008年8月,第35页。

5. 我们希望儿童有很强健的体格,首先应训练儿童养成各种达到强健体格的习惯。可以分三层来说。

（1）健康的体格。要培养儿童有健康的体格，是一件很不容易的事，成人几乎要时刻留心，例如运动、饮食、衣服等，都应该合乎卫生要求。幼稚园也应该负相当的责任去指导家庭，而幼稚园最应注意的是玩具与本园的各种设备，使它们既能引起儿童好动的心理，又能时时刻刻注意卫生条件。（2）卫生习惯。要培养儿童体格的健康，成人应该有良好的指导，其中养成儿童卫生习惯，尤为重要。幼稚生因能力关系，当然不能要求过高，下列数项是可实行的：好清洁的观念、洗脸、刷牙、吃东西以前洗手、每晨大便、随身带清洁的手巾等习惯，幼稚生都可做到的。（3）技能。要身体健康，必须要有相当运动的技能。中国旧式家庭养小孩，怕风怕雨，不让孩子出门去玩，弄得孩子像个半截木偶，何等可怜。在幼稚园里的儿童，对于人生必须的几种基本动作，都应该养成，例如跑步、跳跃、爬高、掷物、骑脚踏车、雪车、打秋千、溜滑梯等，一方面培养儿童各种技能，另一方面又能培养勇敢精神，使他们稍踏危境而不惧。

- 引自《幼稚教育》1926年，载《陈鹤琴全集》第二卷，2008年8月，第17页。

第三章
做父母的艺术(二)

一

父母应具有的教育态度与方法

1. 普通教导原则:(1)对于教育孩子,做父母的最好用积极的暗示,不要用消极的命令。(2)积极的鼓励比消极的刺激好得多。(3)小孩子既好模仿,做父母的一方面要以身作则,一方面还要替他选择环境以支配他的模仿。(4)做父母的不可常常用命令式的语气去指挥他们的小孩子。(5)做父母的不应当对小孩子多说"不!不!"事属可行,就叫他行;事不可行,就禁止他行。(6)别人做好的事情或坏的事情的时候,做父母的应当以辞色来表示赞许和不赞许的意思给小孩子听,给小孩子看。(7)我们应当按照小孩子的年龄知识予以适当的做事动机。(8)待小孩子不要姑息也不要严厉。

(9)不要骤然命令小孩子停止游戏或停止工作。(10)做父母的应当同小孩子做伴侣。(11)游戏式的教育法。

• 引自《家庭教育》1925年,载《陈鹤琴全集》第二卷,江苏教育出版社,2008年8月,第547页。

2. 做父母的不应当对小孩子多说"不!""不!"事属可行,就叫他行;事属不可行,禁止他行。 青儿有一天早晨起来,推窗一望,看见香粉一般的雪,下得漫天遍地。白茫茫的马路上,全没了车马的踪迹,只有两个小朋友在那里做雪人。一面尽管弄,一面尽管下。后来雪人的面上肿起来了,他们两个小朋友的黑衣都变成白衣了,但是他们还是弄个不歇。雪愈下愈大,上下左右都是香粉一般似的白雪,在这中间,仿佛白浪中浮着两个蝴蝶。青儿见了这种景象,也要到雪地里去玩,但是他的母亲不答应他,嘴里连说"不!不!不!"后来在山脚下,他又看见一只雪麂,荷枪实弹的赶麂的人都围在那里。一时枪炮声、狗咬声、麂叫声、猎人的喧笑声,同时并作。他闻声脚痒,又向他母亲说"要出去",他母亲骂他说:"大清早,不洗面,不吃饭,跑到雪地去做什么事?"他哪里肯依,带哭带吵的,再三央求,他母亲没有法子,也只得让他去了。

讨论:事属可行,就叫他行;事不可行,禁止他行,这是做父母的对待子女正当的办法。倘使不论事情的可否,竟一味去禁止他,那么小孩子茫然竟不知措手足了。这种教育,不但于事实上做不到,就是于情理上也说不过去的。雪地里弄雪是很有益的事情,既可以欣赏雪的景致,又可以知道雪的性质,于小孩子的身体上、性情上,都可以得到很大的益处,做父母的不应当去禁止他的。至于看雪麂,尤不应该去阻止他,因为不见过雪麂,不知雪麂的样子;不见过打猎,不知打猎的情形。现在被他见到了,他就可以知道雪麂的样子,打麂的情形,猎狗的用处,于小孩子的知识上也是很有裨益的。小孩子不去看,做父母的应当叫他去看,何况他要去看呢?但是青儿的母亲竟没有想到这种道理,既不允许他去弄雪,又不允许他去看麂,要他坐在家里,不许越雷池一步;好动的青儿哪里能够做得到呢?无怪他要和他母亲吵了。所以,做父母的不应当常常禁止小孩子,如果事属可行,就叫他行;事不可行,禁止他行。

・引自《家庭教育》1925年,载《陈鹤琴全集》第二卷,江苏教育出版社,2008年8月,第539页。

3. 不要骤然命令小孩子停止游戏或停止工作。举例(一)荣升正在园内玩沙玩得很起劲的时候,他的母亲从窗门里喊叫他说:"荣升,饭好了,快来!"荣升哪里肯歇手,尽管玩沙,一声也不回答。他母亲见他不回来也不回答,就愤愤似的跑了出去,叫他立刻停止玩弄。他依然不听。他母亲看他不听就拖了他的手臂走了,而他也就大哭起来了。举例(二)知新的母亲很明白知新的心理,她也能很体贴知新的意思。而知新也很愿意听她的话。一日早晨,知新同他4岁大的妹妹玩弄积木,搭桥砌屋,玩得很高兴。他母亲走来看见他同他妹妹俩玩得这样有趣,就笑嘻嘻地称赞了他们几句,并且对他们说:"我们要吃点心了,我再给你们5分钟工夫,你们快点玩,玩好就把积木放在原处。"说毕走开去了。而知新与他的妹妹赶快把桥搭好;一搭好,就把积木安置原处;一安置好就一齐跑进饭堂里去吃点心了。

讨论:不但小孩子不肯立刻停止玩耍的,就是我们成人也不肯遽尔舍弃有趣的游戏或将成的事体。比方我们正在那里打网球打得很高兴的时候，忽而来了一个人怒气冲冲地叫我们立刻回去吃饭，我们不但不肯听他的话，恐怕还要埋怨他几句。我们既然不愿意别人这样对待我们，我们也应该不要这样对待别人，所谓"己所不欲，勿施于人"，我们成人尚且不肯遽尔停止游戏，况小孩子呢？荣升的母亲不明了这种心理，使得荣升哭泣而起反抗；知新的母亲很明白这种心理，使知新乐于服从。不但如此，恐怕荣升还要养成做事中止的坏习惯。要知道小孩子不仅喜欢做事的途径，也喜欢得着做事的结果。我们现在遽尔叫他半途中止，岂不是剥夺他对于做事成功的快乐？岂不是使他养成一种有始无终的坏习惯吗？荣升的母亲不知这种错误而反加荣升以倔强之罪，这岂不是可笑又可怜吗？知新的母亲则不然。她再准知新玩弄5分钟工夫。知新在这5分钟工夫内不但玩得格外起劲，而且玩后把玩物安放原处。像这种有始有终的做事习惯，岂不正是个个儿童所应养成的吗？这样看来，小孩子听不听话，也看做父母的能不能体贴小孩子的意思而定的。

· 引自《家庭教育》1925年,载《陈鹤琴全集》第二卷,江苏教育出版社,2008年8月,第543—544页。

4. 游戏式的教育法。举例:今天下午,我手里拿着一只照相机,叫我的妻子把我们的女儿秀霞放在摇椅里。预备要替她拍照的时候,一鸣就捷足先登,爬到椅子里去,也要我替他拍照,我再三劝告他,他总是不肯。后来我笑嘻嘻地对他说:"一鸣!你听着!我叫'一,二,三'。我叫'三'的时候,你就爬出来,爬得愈快愈好!"他看见我同他玩,也很高兴地答应我。歇了一歇,我就"一,二,三"地叫起来,说到"二"的时候,他一只足踏在椅子的坐板上,两只手挨在椅子的边上,目光闪闪地朝我看着,等到我说到"三"的时候,他就一跃而出,以显出他敏捷的样子。又有一天,夜已深了,大家都要去睡了,而他竟偏偏不要睡,他母亲就以游戏式的方式去引诱他,一面背着他,一面嘴里"嗨嗬!嗨嗬!"地叫着,他听到他母亲这样叫起来,就很高兴地任他母亲背到房里去睡觉了。

讨论:小孩子是很喜欢游戏的。做父母的能够利用他的这种心理,以游戏式的方法去教训他,他没有不喜欢听你的话的。一鸣本来是要硬坐摇椅的,现在一听见我"一,二,三"叫着,就很高兴地爬起来了;他本来是不喜欢去睡觉的,现在听见他母亲"嗨唷,嗨唷"地叫着,就愿意去睡觉了。倘使他不肯爬出摇椅的时候,我不以这种方式去引诱他,而以强迫手段去对待他,我想他固然不敢违背我,但是他的心里一定要很不高兴的。他不肯去睡觉的时候,他母亲不去引诱他,而去骂他打他,他固然没有能力抵抗,但是他这一夜一定要做出许多恶梦来了。好好儿一回事弄得小孩没趣,而且也要弄得做父母的也没有趣味,岂不是很不上算吗?所以做父母的要使得小孩子听你的话,要使得大家高兴,最好用游戏式的方法去教训他、引诱他;倘使他不听你的教训,不受你的引诱,没有法子,你再用强迫的手段对待他也未为晚;不要贸贸然常常去打他骂他,弄得大家不高兴。

• 引自《家庭教育》1925年,江苏教育出版社,2008年8月,第546—547页。

二

父母应注重培养儿童自主能力

1. 所谓教育,它所要求的是积极地发展儿童的才能,积极地提高儿童的兴趣。但一般人,每受传统的教育所影响,而把教育看做了消极的管理,忽视了积极的启发,反而限制儿童的活动;另一方面,他们不积极地暗示儿童、鼓励儿童,而是处处批评儿童,讥笑儿童,殊不知道这种不良态度,正足以摧残儿童的成长。

• 引自《儿童心理学》1952 年,载《陈鹤琴全集》第一卷,江苏教育出版社,2008 年 8 月,第 488 页。

2. 小孩子年幼的时候,我们或许可以用个人的感情来支配他的动作,不过我们不应以个人的威严来恫吓他,使他对我们发生一种无谓的惧怕。若小孩子年纪大一点了,我们就不应该以个人的感情去感化他的心肠去支配他的行动。若我们尽管用这种教法,那小孩子长大的时候,他的行动仍旧是要以我们做父母的个人之好恶为皈依的;倘若我们死了,那他就要失掉凭籍而无所适从了。所以我们要教他肮脏是妨碍个人卫生的,也是妨碍公共卫生的;作恶有损于己的,也是影响社会的。我们应当使他的行为不是受支配于个人的感情,乃是要建筑于公共幸福之上的。总起来说,小孩子年纪小的时候,我们可以用个人的感情去刺激他做事的动机;年纪大的时候,我们需教他明了做事是要顾到公共祸福的。这样人才有服务的旨趣、牺牲的精神和救世济民的志愿。

• 引自《家庭教育》1925年,载《陈鹤琴全集》第二卷,江苏教育出版社,2008年8月,第541—542页。

3. 小孩子在家庭里面,大都是由父母服侍的。如吃饭、穿衣服、开关门户、收拾东西……都不必小孩子动手,由大人代劳。这种办法,不但剥夺了小孩子发展肌肉的机会，也摧残了小孩的劳动兴趣。而一般父母之所以如此，一方面，是不懂得代劳的办法是有多么大的弊害；另一方面，也怕麻烦。因为让小孩子自己吃饭，自己穿脱衣服，不但动作慢，而且要耐心地教他，反不如自己代他做来得痛快。然而要培养儿童的独立能力一定要掌握这个原则，凡是小孩子自己能够做的应当让小孩子自己做。因此我想，做父母的最好只有"一只手"，不然，任何事情都代小孩子做，这对于小孩子的发展是一种损害。因此，一个习惯于"衣来伸手，饭来张口"的小孩，初到幼稚园便不习惯了。

• 引自《如何使幼稚生适应新环境》1952年，载《陈鹤琴全集》第二卷，江苏教育出版社，2008年8月，第451页。

4. 小孩子自己要做做，你就代替他做；或者小孩子要动动，你没有机会给他动。比方他现在要学走了，你一看见他跌了一跤，就赶快抱他起来。又比方他看见别人玩皮球也要玩，但你不买一个皮球给他玩。诸如此类，不胜枚举。总之，学一定要自己学的，做父母的一方面不要替他学,一方面给他学的机会就是了。

• 引自《家庭教育》1925年,载《陈鹤琴全集》第二卷,江苏教育出版社,2008年8月第533页。

5. 凡小孩子能够自己做的事情,你千万不要替他代做。我有一位朋友的小孩子现在不过三岁半,每日总是自己洗刷牙齿两次,一次在早晨起床以后,一次在晚间临睡以前。还有一个小孩子,他从小在他外婆家里长大的。五六岁大的时候,他外婆就叫他自己穿衣服。再过一二年,起床以后,他外婆就教他叠被褥。后来他年纪慢慢儿大了,这位老太太叫他扫地抹桌子,冲茶搬饭,应对进退,一举一动,都有规矩,而且不论路的远近,总叫他自己慢慢儿走,永不许他坐轿的。后来这个小孩子身体很强壮,行为举动也是很好的。这种教育可以说是良好的家庭教育,我希望教育子女的,大家采用采用吧!

• 引自《家庭教育》1925年,载《陈鹤琴全集》第二卷,江苏教育出版社,2008年8月,第631页。

6. 替小孩子做事情,其弊有三:(1) 剥夺小孩子肌肉发展的机会。小孩子愈动作他的肌肉愈能够发展,反之则他的肌肉就要退化了。我们看纨绔子弟、王孙公子,起居饮食,出入进退,都有人服侍,所以他们的身体孱弱无力,见风就生病,见太阳就发痧是其明证。不特人类如此,就是蚂蚁也是这样的。蚁王住在房里,食物都是别的小蚂蚁拿来给它吃的;所以到后来,它的两个钳就退化了,不幸有意外之事,它只好坐以待毙。做父母的倘使不明了这层道理,一味去爱惜他,服侍他,那他的肌肉也要像蚁王一样退化了。(2)养成小孩子懒惰性质。小孩子的事情样样由他父母替他代做,那他以后就不高兴自己去做了。他视父母如奴隶,以为是上帝给他的侍者,所以无论什么事情都要推父母去做,以后他在社会上做事,也成为不尽职务的人了。我们可以说,大多数人的懒惰都是在他们小的时候养成的,也可以说是他们父母替他们养成的。(3)养成小孩子不识世务,不知劳苦的性质。不亲自做过的事情,则不知别人的劳苦;不经过许多事务,则不知世务的艰难。一班少爷公子只知驱使人们替他们去做事情,一不称心则鞭挞随之,因此慢慢儿成为不知世故人情而且没有人道的人了。这种坏脾气恶习惯大概是从小由他们的父母或家人替他们去做事情所养成的。

• 引自《家庭教育》1925年,载《陈鹤琴全集》第二卷,江苏教育出版社,2008年8月,第631—632页。

7. 我常看见有许多做父母的一看见小孩子做一件事情,恐怕他做不好而且费时,就叫他不要做,或者替他代做。从我们成人一方面看来,小孩子做事固然不如我们自己做来得好而且快,但从小孩子一方面看来,他不去做就不能得到做事的经验了。富贵子弟骄慢怠惰不知世事艰难,大概也是这个缘故。

• 引自《家庭教育》1925年,载《陈鹤琴全集》第二卷,江苏教育出版社,2008年8月,第614页。

8. 我们做父母的,都希望小孩能够自己管理、自己生活、自己思想、自己做人。这一种愿望,凡是做父母的都有的,但是实际上做父母的常常违反这种愿望,反而使小孩子没有机会去管理自己,没有机会去自己生活,也没有机会去独立思想。我常常说,做母亲的最好只有一只手。这句话你们听起来一定很奇怪,假使我们仔细考察起来,这句话是很有意思的。我常常看见母亲替小孩子做这样、做那样,一天忙到晚,而小孩子反而没有机会去动。小孩子自己会盛饭了,做母亲的替他代盛;小孩子自己会穿鞋子了,做母亲的还是替他代穿;小孩子自己会扣纽子了,做母亲的还是替他代扣;小孩子会叠被子了,做母亲的还是替他代叠;小孩子自己会整理书桌了,做母亲的还是替他代整理。甚至于小孩子自己会思想了,做父母的也替他代想。一切的一切,凡是小孩子应当自己做、自己能够做的,做父母的总替他代做。这样小孩子如何能生长呢?如何能学习呢?如何能独立呢?做父母的应当明了自己的责任。你们的责任,是帮助小孩子生活,是帮助小孩子自立,是帮助小孩子做人。

• 引自《怎样做父母》1947年,载《陈鹤琴全集》第二卷,江苏教育出版社,2008年8月,第675—676页。

9. 一、凡是小孩子自己能够做的,应当让他自己做。小孩子不能单独做的事,或者一时做不起来的事,我们才帮助他做。二、凡是小孩子自己能够想的,应当让他自己想。小孩子一时想不到或者不能够完全想到的,我们可以间接地帮他想。小孩子平常不大用思想的,我们应当积极指导小孩子去思想。

• 引自《怎样做父母》1947年,载《陈鹤琴全集》第二卷,江苏教育出版社,2008年8月,第676页。

10. 让儿童使用自己的手脑。儿童有自己的思想,儿童有自己的力量,不让儿童自己去做他所能做的事情,不让儿童去想他所能想的事情,等于阻止了儿童心身的发展。所以让儿童使用自己的手脑,确是一件要紧的事情,但一般父母、教师,往往忽视了这回事。我们常常看到六七岁的的小孩子,做父母的或成人还是替他喂饭,替他穿衣,替他开闭门户,替他收拾东西。小孩子要摇铃,做父母的就摇给他听;小孩子要敲鼓,就敲给他看。其实,对这些游戏,小孩子都喜欢自己去做的,听听看看不能使他满足。由大人代替小孩子做,害处是很大的:一是剥夺了小孩子肌肉发展的机会;二是养成了小孩子怠惰的习惯;三是养成小孩子不识世务、不知劳苦的习性;四是阻止儿童独立自主的神精。

· 引自《儿童心理学》1952年,载《陈鹤琴全集》第一卷,江苏教育出版社,2008年8月,第488—489页。

三

父母怎样给儿童讲故事

1. 古来圣贤教人,常常利用故事,在故事之中,可以寄托种种好的行为,赏善罚恶等事,使听众无形中受一种好行为的暗示。如华盛顿砍树的故事,小孩子听了,就知道诚实的可贵。不过对于利用故事进行教育,有几点要注意:(1)故事不应有消极的暗示。故事中描摹坏的行为,原意是讲作恶受罚,但是小孩子看不到结果,他只看到坏的行为,如海盗、海淫的影剧、戏剧。(2)讲故事给儿童听的时候,不必像牧师把用意显明地说出来以教训孩子,应当让孩子自己去结断就够了。因为你明显地去教训他,他就不愿意听了。

• 引自《儿童心理之研究》1925年,载《陈鹤琴全集》第一卷,江苏教育出版社,2008年8月,第339页。

2. 没有一个孩子不喜欢听歌谣、唱歌谣的,也没有一个儿童不喜欢学话的。学话和听话都是听觉和发音器官的动作,读法加上了一个视觉作用,在这里似乎更加难了。其实在实际上讲了猫的故事以后,给他看一个"猫"字,一张猫的图画,小孩子不但对于这个故事的兴趣格外好,而且对于这个故事的情节记得格外牢,对于这个故事的印象格外深。

• 引自《幼稚园的读法》1928年,载《陈鹤琴全集》第二卷,江苏教育出版社,2008年8月,第175页。

3. 大家都知道,儿童好奇好模仿,富于想象,不过儿童没有分辨是非善恶的能力,而想象也不一定正确合理。因此,我们可以利用有组织、有条理、有教育意义的故事,使儿童学习正确的语言,模仿善良的行为,帮助儿童判别善恶是非,并启发儿童合理地运用思想,扩充儿童的知识,以培养儿童对宇宙间的事物进行钻研。

• 引自《如何利用故事教学对幼稚生进行爱国主义教育》1951年,载《陈鹤琴全集》第二卷,江苏教育出版社,2008年8月,第479页。

四

父母往往是儿童过错的根源

1. 我们做父母的,往往有一种迷信,就是以为小孩子总是错的,父母总是对的……所以从父母的眼里看起来,小孩子既然是错的,就应当受相当的责罚。其实相反,错的往往是在父母,小孩子往往是对的。如上面所说的那种情况,做父母的不准小孩玩冰玩雪,这明明是父母不知道利用环境来教导小孩子,哪里可以说小孩子的不好呢!等到小孩子吵闹起来,还说他是会哭会吵,这岂不是冤煞人吗?所以做父母的,应当给小孩子预备适当的环境、充分的设备,使小孩子得着正当的游戏。

• 引自《家庭教育》1925 年,载《陈鹤琴全集》第二卷,江苏教育出版社,2008 年 8 月,第 639 页。

2. 你听见过"咬奶头"的故事吗？我来讲给你听。从前有一个3岁的孩子，到邻家去拿了一双筷子回来，他的母亲看见了非常高兴，就称赞他说："宝宝多么乖，多么能干，会拿筷子了。"小孩子本来不知道好坏的，经他母亲这样一称赞，他就以为拿别人家的东西是一件可称赞的事。过了几天，他又到邻家那里偷偷地拿了几个铜钱。拿到家里，他的母亲看见了，又夸奖他说："宝宝真能干，现在会拿钱了。"这个小孩子到了后来，看见人家的东西就顺手牵羊拿回家了。什么人家的图书，什么人家的鸡鸭，什么人家的衣服，他都会拿回家去送给他的母亲。他的母亲非常快乐，以为从此吃用可以不愁了。后来这个小孩子变成了一个青年，力气大了，智力强了，胆子也大了，什么偷盗劫掠都敢做了。但"贼久必破"，一天，这个小强盗竟被官兵捉住了，审问之后，判处死刑。临刑时，法官问他还有什么请求。他说："只有一个请求，就是要见见我的母亲，若能见她一面，我也甘心了。"法官就派人去请他的母亲来。他看见他母亲一到，就眼泪汪汪地哭诉道："娘啊，我现在要离开这个世界，不能侍奉您了，我心里非常难过，好像刀刺一样。您辛辛苦苦养了我二十多年,我没有什么东西可以报答您。现在要离开您了,可否再让我吃一口奶做一个纪念?"他的母亲看他这样可怜的情形,听他这样动人的请求,就解开衣襟露出胸脯让他吸。他看见奶头就低头去,一口咬住,格的一声,奶头咬落了。他就对他母亲说:"我3岁的时候,拿了人家的东西回来,你不但不打我骂我,反而鼓励我说:'宝宝多乖,多能干!'假使那时你严厉地禁止我,好好地教导我,到了今天我也许成为一个有为的青年,不至于杀头了。这都是你害我的!"

· 引自《怎样做父母》1947年,载《陈鹤琴全集》第二卷,江苏教育出版社,2008年8月,第670—671页。

3. 亲爱的家长、亲爱的教师:这个"咬奶头"的故事你听了不觉得寒心吗?你究竟怎样教小孩子的?你有没有(患过这种)贪过小利鼓励孩子作恶呢?你有没有借了人家的图书不归还呢?你有没有借了人家的铜钱、东西不归还呢?你有没有拿了公家的东西,什么笔墨纸砚、柴米油盐、邮票桌椅供给私人使用呢?你不但自己要以身作则绝对没有这种行为,还要禁止小孩子做这种不法的事情。要小孩子学得好,你先必须以身作则,自己做得好,再教小孩子做好。

• 引自《怎样做父母》1947年,载《陈鹤琴全集》第二卷,江苏教育出版社,2008年8月,第671页。

4. 年轻的父母:你不要打小孩子。倘若要打的话,你还是先打自己。这种话,我想你听了一定不高兴。你一定要问我:"难道小孩子是好的,父母反而是坏的;小孩子是对的,父母反而是错的?小孩子不听话,应当挨打;小孩子顽皮,应当挨打;小孩子不诚实,拿人家东西,应当挨打;小孩子不肯用心做事,应当挨打;小孩子不肯用功读书,应当挨打。打是矫正这种种过失的特效药。古人说得好'棒头底下出孝子',小孩子不打,是不成事的,也是不能成器的。哪里做父母的反而应当挨打呢?""打"的问题实在是很复杂的,让我来说个明白。年轻的父母,我首先要问你:"小孩子为什么不听话?为什么不诚实?为什么好顽皮,不肯用心做事?为什么不肯用功读书呢?"你说:"这是没有什么理由可讲的,都是小孩子的不是。小孩子生来很坏的,大来又看别人家坏样,变得更加坏了。"小孩子生来都是好的,即使不好,是父母影响他的,不是他的过失。大来学得不好,这又是环境的影响、教育的效果,小孩子实在不负什么责任的。"咬奶头"的故事,你已经在本刊看见过了。那个小孩子为什么变成小强盗?不是他的母亲害他的吗?孟子为什么成为圣人呢?不是他的母亲教他有方吗?假使孟母教那个小孩子,那个小孩一定不会变成小强盗的,也许会成一伟人呢!假使孟子受到那个贪财的母亲的坏教育,孟子是否不做强盗,哪个敢否认呢?

· 引自《怎样做父母》1943年,载《陈鹤琴全集》第二卷,江苏教育出版社,2008年8月,第668—669页。

五

父母应该怎样责罚儿童

1. **要考查不服从的原因**。小孩子有时候不服从,要调查他不服从的原因。比如有时父母说的话,小孩子听不懂,父母必须重说一遍或做个样子给他看,他才服从。有时候小孩要问为什么,父母要解释给他听,他才服从;但是要留心,不要养成小孩子等着重复命令的坏习惯。还有一些小孩,记忆力很弱,倘若在半小时以前,告诉他半小时以后应做的事,到了时候,他已忘记了,这也不能责备小孩子不服从,因为他已不记得有这么一回事了。

- 引自《怎样教小孩》1937 年,载《陈鹤琴全集》第二卷,江苏教育出版社,2008 年 8 月,第 661 页。

2. 我们训练小孩子服从,要好好地诱导他,不可以用威胁的方法,如打骂、恐吓等,强迫他服从。因为,威胁的方法只能收效一时,不能持久,并且会使他对于不应该怕的东西也怕起来,到了夜里还会做可怕的恶梦,这比不服从还要坏。更不可用溺爱的方法来得到小孩的服从。小孩子要什么,不管应当不应当,随便就依了他。小孩子不肯服从,不管对不对,就由了他。这样的孩子,长大了会变成一个任性的人,不能独自干一件稍难的事情,这就是他的父母害了他。

• 引自《怎样教小孩》1937 年,载《陈鹤琴全集》第二卷,江苏教育出版社,2008 年 8 月,第 661 页。

3. 我们应当怎样责罚小孩子的:(1)诱导比恐吓、哄骗、打骂都来得好。若能以诱导法得到良好结果的,我们千万莫去打骂我们的小孩子。(2)未责罚小孩子以前,做父母的应当探索小孩子作恶的原因,不要一味地瞎打瞎骂。(3)做父母的在未责罚小孩子以前,还要详细考察他的过失,要深知他所犯的究竟是什么过失,不要不分皂白,乱施鞭笞。(4)即使要责罚小孩子,做父母的不要在众人面前去责罚他,以保存他的羞恶之心。(5)即使要打骂小孩子,早晚不应该打骂他,若是早上打骂他,他一天要不舒服;若是晚上打骂他,他一夜要不得安睡。(6)做父母的不可迁怒于其子女。(7)还有做父母的责罚小孩子的时候,应当重责其所做错的事情而应当轻责其人,以予他自新之路,以保存他的人格。(8)倘若打骂的时候,旁人不宜帮着说:"可怜!可怜!"等话,免使小孩子相信自己是对的,相信打他的人是错的。(9)不宜痛打小孩子,以致打后懊悔不及。(10)做父母的不要常常去责罚他们的小孩子,因为常常责罚也就失其效力。

• 引自《家庭教育》1925年,载《陈鹤琴全集》第二卷,江苏教育出版社,2008年8月,第628—629页。

4. **诱导比恐吓、哄骗、打骂都来得好。举例**:有一个两岁的小孩子,在将晚的时候,还要独自到楼下去玩。在这种情形下,为父母的应当怎样做?去恐吓他呢,还是去禁止他?让他去呢,还是借别人去骂他?"无中生有"地去哄他呢,还是去诱导他?

讨论:(1)以恐吓这种方法来对待小孩子,是不对的,如说外面有老虎呀,有鬼呀。因为这样一来,使得小孩子发生无谓的惊慌,恐怕以后到了晚上,就不敢到黑暗地方去了。这种方法做父母的是常常用的,所以普通小孩子常常怕鬼或怕动物。(2)又有许多做父母的不管小孩子的心里高兴不高兴,只一味禁止他,如说:"天晚了,不许出去了!倘使你吵,我打你一顿!"这样一来,有些小孩子居然怕你不敢出去了。但有些小孩子因为你不准他出去,就要哭而且还要出去。前者可以不生问题了,至于后者,你究竟怎么办呢?还是因为他哭了,就让他去呢?还是不让他去而竟打他呢?让他去吗?那小孩子以后就要藐视你而不听你的话了。打他吗?那不但小孩子怨恨你,而且你自己也觉得不很好。因此好好的一桩事情,弄得很没有趣味了。(3)你让他出去吗?这是不对的。小孩子在晚间非有特别的事情不宜到外面去游玩。因为在晚间游玩,小孩子容易闯祸,不是磕头碰脑,就是皮破血出,所以你不宜允许他出去的。那究竟怎样呢?你应当诱导他,如对他说:"天色已晚,外面现在没有什么东西可以看、可以玩,我们还是到房里去看画图、唱唱歌,玩玩别的东西吧。"这样对他说,他如果还要出去,那你得想出特别的东西或游戏的方法来引起他的注意。倘使他依旧不听,那只好不准他出去,让他去哭了。(4)你借别人去骂他吗?这种"打丫头骂小姐"的方法是绝对不可行的。如对着小孩子骂别人说:"你不要吵,吵吵我要打你!"你用这种方法来对待小孩子,小孩子听不听你是一个疑问;即使被你吓倒了,也有许多坏处:小孩子知道你作鬼来吓他,他虽然怕你或者被你吓倒,但是他心里极不舒服的;直接受你骂的人就学了一种欺诈的方法,将来也用这种方法去对待别人了。如此推演下去,则社会就成为欺诈的社会了。(5)又有许多做父母的,常常用"无中生有"的方法去哄她,如当小孩子吵的时候,忽然对小孩子说:"喏!喏!喏!这里有个爬爬虫!你看你看!"而且说的时候指东画西装出一种活灵活现的态度。在这个当儿,小孩子或者居然受你骗而不再吵了,但是后来小孩子看出你的破绽来,以后就不相信你的话了。而且他也学了你的欺诈的行为。这是于两方面道德上都有损伤的。

- 引自《家庭教育》1925年,载《陈鹤琴全集》第二

卷，江苏教育出版社，2008年8月，第617页。

5. 有时做父母的常常说儿童，骂儿童，打儿童。起初这种说、骂、打恐怕有些效力，到了后来就失其作用。因为儿童受这种刺激，到后来没有从前的来得深。最重要的就是不要经常责罚他，倘若责罚他，那就要使他明了所以要责罚他的理由，并且不要用意气来责罚他。

• 引自《儿童心理之研究》1925年，载《陈鹤琴全集》第一卷，江苏教育出版社，2008年8月，第220页。

6. 多数做父母的一看见小孩子玩肮脏的东西，就不期然而然地去把它夺了来，而且还要骂他，甚至于还要打他。其结果，小孩子改过的少而怨恨父母的多；即使不怨恨父母，至少也有一点不喜欢父母了！还有许多小孩子因为他们的父母常常去责骂他，慢慢儿就不以父母之言为意。做父母的一面去夺他肮脏的东西，做小孩子的一面依旧去拿来；做父母的一面骂他，而他依旧玩弄肮脏的东西。这种事实，在社会上我们是常常见到的，我也可以不必举例了。做父母的以这样去教训小孩子，使得小孩子非但不能改过,而且慢慢儿养成顽皮的恶习惯了。

- 引自《家庭教育》1925年,载《陈鹤琴全集》第二卷,江苏教育出版社,2008年8月,第535页。

7. 做父母的责罚小孩子以前,应当探索小孩子作恶的原因。 大凡小孩子绝不会无故而作恶的,作恶的原因,大概是由环境造成的。做父亲的待他太严厉,他因为恐怕受罚做了坏事,自然要说谎的;做母亲的不把食物给他吃,他因为为食欲所冲动,自然要偷食物的。倘使能够寻出小孩子作恶的原因,而且把这种原因铲灭,那么小孩子以后就不会再作恶了。如果不把他这种原因除去,而只责罚他作恶的结果,那么小孩子虽然怕你,一时不敢再作恶,但是他作恶的心依旧存在,要他以后不再作恶是很不容易的事情。所以除小孩子的恶,应当除其本,不应当除其末;除本是永久的,至于除末,不过一时有效罢了。

- 引自《家庭教育》1925年,载《陈鹤琴全集》第二卷,江苏教育出版社,2008年8月,第619页。

8. 做父母的责罚小孩子以前,应当平心静气考查他究竟有无过失。法庭判决罪犯,在未判决以前,应当调查他的事情,有罪则加诸以刑,无罪则宣告他无罪。倘使有一位法官,不问曲直,不论是非,贸贸然去判决一个嫌疑犯,那么非但受者不服,就是旁观者也要"群起而攻之"了。法庭如此,家庭也是这样的。做父母的在未责罚小孩子以前,也应当仔仔细细地考查他一番。他实在有过失,那就责罚他;倘使他没有过失,那就不应当责罚他了。如果不论皂白,听一面之辞,逞一己之怒,就去鞭挞小孩子,那小孩子也要不服他父母的。虽然小孩子能力薄弱不敢反抗父母,但是他恨父母之心恐怕从此发生了。我常看见有许多儿子,因为父母冤枉去打他,就骂他的父母;做父母的,因为儿子骂他,就赶他出去,不许他回来。乡村里的父老常常说做儿子的不好,据我看起来,做儿子的虽然不好,但是做父母的也不能够算得好,因为"不平则鸣"是万物自然的趋势,儿子受了不平,也应当鸣的。要儿子对待父母有礼貌,做父母的责罚儿子需先要公平。

- 引自《家庭教育》1925 年,载《陈鹤琴全集》第二卷,江苏教育出版社,2008年8月,第619页。

9. 不应在别人面前责罚小孩子。无论大人小孩都是有羞恶之心的,除了有神经病的成人或年纪太小的小孩子以外,大多数小孩子尤喜欢顾全面子。倘使做父母的当着别人的面去骂他,他以为受了莫大之耻辱,就要怨恨他的父母了。小孩子等到怨恨父母,以后就不高兴去听父母的教训了。我们中国有许多家庭,父子间感情是很不融洽的,父不以子为子,而子亦不以父为父,双方面各趋极端像仇敌一样。虽其原因不一,但是于这点上也不无关系的。还有许多小孩子初次被骂还觉得倒霉,倘使做父母的常常在别人面前去骂他,他就不以为耻,慢慢儿成为顽童了。我常常看见有许多小孩子在客人面前是很会吵的。他们父亲骂他几句,他们就停上一刻,过了几分钟,老样子又来了。这种小孩子已经失掉羞恶之心,做父母的虽欲改掉,而已不可能。所以做父母的不应当在客人面前去骂小孩子,应当等客人去了以后,方才慢慢儿去教训他;教训他不听,然后去责备他,那么小孩子因为不丢面子,就很高兴去改他的过失。但是也有许多小孩子一次受辱,以后恐怕他父母再当着别人的面前去骂他,就从此而改他的过失的,不过这种小孩子是很少的。所以据我看来,做父母的要责罚小孩子不如背着别人的面来得好。

• 引自《家庭教育》1925 年,载《陈鹤琴全集》第二卷,江苏教育出版社,2008 年 8 月,第 620 页。

10. 做父母的不要常常去骂他们的小孩子。责备的目的,一方面是要激发小孩子的羞恶之心,还有一方面是要使小孩子改他以前的过失,所以骂是不可以常用的,是"不得已而用之的"。倘使常常骂,那么小孩子就不以为意了。我常看见有许多做父母的一面骂小孩子而小孩子依然顽皮。又有许多小孩子听见父母骂他,他们就轻轻地骂他们的父母,做父母的因骂子女而得到这样的结果,正是失去"骂"的功能了。赏罚是不能滥用的,滥用了,那么受之者不以为意了。倘使做父母的天天骂小孩子,那么小孩子把骂当做耳边风了,恐怕还有几个小孩子以骂声当做惯听的声音,以骂者当做留声机器。等到小孩子以骂者当做留声机器,简直不以父母为人了。归纳起来,做父母的常常骂小孩子,其害有三:(1)失去"骂"的效力;(2)引起小孩子轻视之心;(3)引起小孩子厌恶之心。好好一个小孩子反变成一个坏孩子了。

• 引自《家庭教育》1925年,载《陈鹤琴全集》第二卷,江苏教育出版社,2008年8月,第627页。

11. 小孩子应当不应当受体罚呢?有人主张小孩子非受体罚不会弃恶从善的,也有人主张我们成人绝对不宜施行体罚的。主张体罚的说:小孩子最怕的是身体的痛苦,小孩子有时候很顽皮很倔强,非用体罚不足以改其非。反体罚的说:体罚是最野蛮的手段,丧失小孩子的人格,也是丧失做父母的人格。我们有许多好的积极的方法,可以教小孩子使他改恶从善;若不能用别的方法而只诉诸野蛮的体罚,这分明是显出家庭教育之失败。以上两说,各有理由。以我看来,凡做父母的自身曾经受过良美教育而能施良美教育于子女的,那体罚当然可以免用。但是我们一般普通的父母虽不应常常诉诸鞭挞以指导我们的小孩子,然有时也或要用到的。用体罚以指导小孩子易,不用体罚而用别的良法以指导小孩子难。若能用别的良法指导小孩子,那我非常赞成的;若不能用别的良法而不得不用体罚以指导小孩子,也需善用。我所忧虑的就是,一般做父母的不知道怎样责罚小孩子,以致损害小孩子和自己的人格。

- 引自《家庭教育》1925 年,载《陈鹤琴全集》第二卷,江苏教育出版社,2008 年 8 月,第 628 页。

12. 当小孩子做错了事的时候,做父母的应当重责其事,轻责其人。举例:有一天,余君的第三个小孩子,大约五岁大,看见他的小朋友有一枝很美丽的口箫就静悄悄地把它拿来了。后来被他父亲看见,一再盘问他,他也不赖,一口承认是从他的朋友家里拿来的。他父亲就对他说:"这枝箫是你朋友的,你不得你朋友的允许是不能拿来的。倘使被你朋友看见,他必定要说你的。我知道你是一个很好的孩子,不过这样去拿人家的东西是很不好的。"这个小孩子听了他父亲的话,以后就不敢再去拿别人的东西了。

讨论:我想做父亲去责罚他的人格的缘故,是要激发他的羞恶之心,使他慢慢儿改去他不好的行为。要知道无论什么人受奖励而做善是很容易的,小孩子尤其喜欢听好话而不喜欢听恶话。做父母的一去骂他的人格,他的心里就要很不高兴了,非但无悔过之心,而且长其为恶之心,所以他的人格从此堕落了。反之,做父母的只就事论事,那他以为不好的是事,而非其人,那还有自新之路呢!

• 引自《家庭教育》1925 年,载《陈鹤琴全集》第二卷,江苏教育出版社,2008 年 8 月,第 623—624 页。

13. 当小孩子做错事情的时候,做父母的不应当因为要博小孩子的欢心,就去责备别人。

举例(一):宽仁有一天早晨起来,不要穿鞋子,他母亲再三引诱他,他总不依。他母亲恨极了,不管他肯不肯,一只手拿着鞋,一只手拖他脚,硬要他穿,他就两脚前后踢着,两手上下敲着,闭着眼,张着嘴,大哭起来了。那时候,他祖母正在门外看山景,听见他哭,就快快地回来,她一路走一路问道:"好好儿为什么哭的?"她母亲就告诉她不肯穿鞋子,而且说他这样撒蛮、这样无理。他祖母听到这些话,非但没有骂宽仁,而且假惺惺地骂她媳妇说:"都是你不好,他是很好的,他是要穿鞋子的,都是你不好,走开!"她一面说一面走到宽仁的面前,把她媳妇一推,而且轻轻打她几下。宽仁听见他祖母骂他母亲就一点不哭了。他祖母拿着鞋子替他穿上,而且假地又骂她媳妇说:"有你这个呆婆,吃米一升,吃肉一斤,带穿穿鞋子还不能,我们穿好以后,总要来打你一顿!"她替他穿好鞋以后,又轻轻地去打她媳妇几下,而她的媳妇又故意放声哭起来,并且嘴里"阿唷,阿唷"地喊着。宽仁在这个时候,一点也不哭不吵,很高兴地让他祖母替他穿鞋子了。举例(二):西庚不肯到学校去读书,他的母亲再三说好话给他听,他总不承受。后来被他父亲听见了,就高声喊叫说:"谁说不要去读书?不要去读书的到我这里来!"他听了他父亲这样严厉,没有法子,只得到学校里去了。

讨论:小孩子应当做的事情,一定要他去做;小孩子不应当做的事情,切不可允许他去做。断不可因为要博小孩子的欢心起见,就说他好,而归罪于他人。要知道有许多小孩子的行为很多是乖戾的,做父母的如要博得他的欢心,那么要日不暇给了。如小孩子的衣服每日一定要穿的,但是有许多小孩子有时候竟不要穿;小孩子的面每日一定要洗的,但是有许多小孩子竟不肯洗。做父母的还是让他"赤身露体""囚首垢面"的去呢?还是因为要引诱他穿,引诱他洗,而特意去骂替他穿衣服的洗面孔的人以博取他的欢心呢?我想家里的长者必不许他"赤身露体""囚首垢面"的,大概是要博取他的欢心而归罪于人的;如果归罪于人,那么小孩子以为衣服是不应当穿的,面孔是不必洗的,替他穿衣服洗面的都是错的,而他自己绝对是对的,其结果,适足以长小孩子"自是"之念;既不然,他以为替他穿衣服洗面的人都是"饭桶",实在不能胜穿衣洗面之任的,其结果,适足以引起他轻人之心;又不然,他因为受他父母的安慰和暗示,以为替他穿衣洗面的人,都是欺侮他,其结果,适足引起他撒娇的行为。小孩子犯以上三者之一,贻害将来,实非浅鲜,倘兼三者而有之,则更不可闻问了。我想做父母的也未尝喜欢他们的小孩子有以上的行为,实在因为被他们哭不过,吵不过,但求太平,没有法子,只得骂别人以引诱他安慰他。家长这种办法原不过是"一时权宜之计",但是做小孩子的竟以此养成不好的习惯了。所以小孩子做错事情的时候绝对不应当归罪于别人,应当责罚小孩子自己。倘使能够如此,那小孩子以后就不敢再有以前的行为了,不敢有"自是之念""轻人之心""撒娇的行为"了;做父母的以后也可不必用许多心思去引诱他、安慰他了。这种地方,我劝做父母的应当很留意的。

· 引自《家庭教育》1925 年,载《陈鹤琴全集》第二卷,江苏教育出版社,2008 年 8 月,第 625—626 页。

第四章
儿童早期生理发展过程及教育方法

一

新生儿的生理特点与教育方法

1. 学龄前儿童生长发展四阶段：(1)新生婴儿期——新生；(2)乳儿时期——新生后到1岁左右；(3)步儿时期——1岁左右到3岁半左右；(4)幼儿时期——3岁半左右到6岁左右。从6岁到12岁是学龄儿童时期。

• 引自《儿童心理学》1952年，载《陈鹤琴全集》第一卷，江苏教育出版社，2008年8月，第435—436页。

2. 所以，对于一个幼儿的观察与实验，较之新生婴儿、乳儿、步儿实觉困难得多。但科学的研究，正需要打开困难，冲破障碍。只要我们精密审慎，时时注意，处处留心,运用正确的方法,观察儿童发展,则困难与障碍自然能克服。

• 引自《儿童心理学》1952年,载《陈鹤琴全集》第一卷,江苏教育出版社,2008年8月,第464页。

3. 新生的一刹那间,在人类的生命过程中来说,实是一个重要的关键,从这一新生的刹那间开始,婴儿便永远地脱离了他那曾经居住了十个月的老家——母体的子宫而进入了新的世界。在这里,他开始接受无限复杂的刺激。新陈代谢作用,也不在和他的母体发生联带的关系了,从这一刹那间开始,他便逐渐地向着独立的生活发展。

• 引自《儿童心理学》1952年,载《陈鹤琴全集》第一卷,江苏教育出版社,2008年8月,第413页。

4. 新生婴儿自脱离母体之后,便开始进入一个新的世界。当他还在子宫的时候,所受的刺激是单纯的、有限的。而现在,他的四周到处都是新的刺激,环境的变化与繁复,新生儿都能做相当的反应,以适应新的环境。

但新生婴儿对于环境适应的能力是薄弱的,做父母的应当援助婴儿来控制环境,使适应于婴儿各方面的要求。(1)我们应当使环境安静,婴儿更不应当终日感受外界强烈的刺激。(2)房间的空气要流通,最理想的是房间中能有通风的设备。

• 引自《儿童心理学》1952年,载《陈鹤琴全集》第一卷,江苏教育出版社,2008年8月,第423—424页。

5. 近代许多心理学家,都认为一个新生婴孩,其所过的都还是植物性的生活。这就是说,新生婴儿的生活以营养生活为主,他只在饮食与排泄之间生活,除了几种简单的反射运动之外,大部分时间都在睡眠之中。可是到了乳儿时期,儿童生活的空间一天一天地扩大起来,儿童生活的植物性,也一天一天地淡下去。如果新生婴儿的教育,我们所注意的是生理方面的调护(如何养成婴儿的饮食、睡眠的优良习惯,如何使这新生命得到合适的环境,便是新生儿教育的重点),则乳儿的教育,我们不仅要注意到他的生理调护,而且还应有正确的教育。

- 引自《儿童心理学》1952年,载《陈鹤琴全集》第一卷,江苏教育出版社,2008年8月,第442页。

6. 新生儿饮食:新生婴儿主要的饮料,便是乳汁。所以哺乳在新生婴儿的生活中非常重要。哺乳最要紧的是有定量和定时。假使量太多了,往往引起婴儿的消化不良,食料无法吸收,便发生泄的现象。假使量太少,那么又无法解决婴儿的饥饿,于是他便时常啼哭。所以食的分量,要能适当。至于进食的时间,可按照胃肠的生理机能,最好是每隔3小时进食一次。但照一般母亲的做法,往往不按哺乳的时间,只要婴儿一啼哭,就把婴儿抱在自己的怀里,然后把乳头塞进婴儿的嘴里。这样做不仅容易养成婴儿爱抱的坏习惯,母亲乳量的分泌又无法控制。有时母亲为了使婴儿不哭,虽然乳汁已没有了,还是让孩子含着自己的奶头。婴儿进食不能定时、定量,对健康实有莫大的害处。

- 引自《儿童心理学》1952年,载《陈鹤琴全集》第一卷,江苏教育出版社,2008年8月,第424页。

7. 哺乳固须有定时,且大小便也应当在新生的时候起养成定时的习惯。在大小便时,母亲的举动、声音最好有相对的固定性,当习惯养成之后,婴儿一觉到这种举动声音,马上就开始大小便,在时间方面可以节省许多。

• 引自《儿童心理学》1952年,载《陈鹤琴全集》第一卷,江苏教育出版社,2008年8月,第425页。

8. 年轻的父母,你不是要你的小孩子长得顶胖顶壮吗?你知道怎样会使你的小孩子长得顶胖顶壮呢?我想有四个条件:第一,营养要好。第二,日光、空气要充足。第三,睡眠要充分。第四,排泄要通畅。

• 引自《怎样做父母》1943年,载《陈鹤琴全集》第二卷,江苏教育出版社,2008年8月,第666页。

二

睡眠与"哭"的教育

1. 睡眠是婴儿主要生活之一部分。一个新生婴儿，除了哺乳、饥饿或外界刺激过大的时候才醒着以外，其余的时间，总是在睡眠之中。有时候，他要睡眠 20 小时之久。所以，有人以为婴儿睡眠的时间愈长则愈健康，可见睡眠对婴儿是如何重要。如何养成睡眠的优良习惯，在新生婴儿教育领域中的重要性，也就可想而知了。睡眠的习惯，第一是要养成独睡（注：同床睡的坏处会养成婴儿的依赖性；容易被母亲压死；容易被被服窒死；不卫生；不安宁）；第二是要养成熄灯睡（注：点灯睡觉最易养成怕黑暗的坏习惯）；第三不要抱着睡（注：做母亲的因为手里抱着婴儿，不能够做事情，即使做也是很不方便的。婴儿因为抱在母亲手里,容易动醒,即使不醒来,也不能安安稳稳地睡着。同时,因为母亲宠爱使婴儿养成不能离开母亲一步的坏习惯)。

• 引自《儿童心理学》1952年,载《陈鹤琴全集》第一卷,江苏教育出版社,2008年8月,第425页。

2. 当小孩子休息的时候,我们要给他们充分的幽静……尤其是一两岁的小孩子,差不多一天到晚,大部分是睡眠时间,他们身体的生长,全在这个时候。做父母的格外要留心:在儿童卧室附近,不要有杂乱的声音;说话、走路均需轻巧,免致妨害他们的安眠;如在夜里卧室内当儿童睡觉的时候,电灯务需关掉,免致强烈光线刺激儿童,妨害他们的睡眠。

• 引自《和做父母的谈几句话》1928年,载《陈鹤琴全集》第二卷,江苏教育出版社,2008年8月,第644页。

3. 哭是小孩子维持生命的利器,小孩子不哭一定不能生长。哭也是恐吓父母的工具,有许多父母不问儿童哭的缘由,就给他吃奶,吃了奶还是哭,就摇摇他,抱他走走，做种种无谓的动作，养成各种坏的习惯。对于儿童的哭：（一）我们应当找出他哭的缘由来。普通说来，哭的缘由可以分做两种：（1）生理的，包含饥饿、疲倦、寒冷、太热、睡眠不足、缺少新鲜空气、各种疼痛、缺少必须的动作。（2）心理的，包含习惯、不如意、受暗示的。所以我们必须先找出儿童之所以哭的缘由，然后再用适当的方法去对待他。（二）不要引诱小孩子。小孩子对于吃的东西总是很想吃的，做父母的，不应把东西随便乱放，使他看见就要讨。假使这个东西，他可以吃的，而且也应该吃的，你最好就给他，不要等到他哭了才给他。假使他哭了你才给他，那以后他要东西就哭了。我们常常看见有的小孩子要吃东西就向母亲哭，这种坏的习惯，大概是做父母的养成的。（三）小孩哭的时候，不要禁止他哭。假使你对他说"不哭"，他还是哭，乃是你叫他不听你的话，你应当用别的方法来抑制他的哭。（四）不要用暗示引起他的哭。如小孩子跌了跤，你对他说"不要哭"或"可怜"等话，倒反引起他的哭了。假使你不看见他，或者你不去睬他，或者就去睬他，而不去讲"你不要哭"这一类的话，他不一定就哭的。（五）倘使你不允许儿童的要求，儿童就哭，你也断断不要允许他。（六）儿童因怒而哭了，最好随他哭去，不要睬他。因为你去睬他、安慰他，他反倒哭得厉害些；你不睬他，他哭了一刻就不哭了。（七）小孩子刚要醒的时候，做父母的最好在他旁边，他一醒，就笑嘻嘻地和他说说笑笑抱他起来，否则等他哭了再抱他起来，那就养成醒了就哭的坏习惯。（八）儿童生后几个星期内，做父母的最应当留心，不要一哭就抱他、摇他，或者喂他，因为他一哭你就这样做，就养成他的坏习惯了，以后非抱他、摇他不行了。常有许多母亲，夜半起来抱着小孩走来走去，要他停哭。也有许多小孩，要摇才睡着。这种坏习惯，全是做父母的养成的。（九）不应当在日间给小孩子受剧烈的刺激。常有好玩的小孩子终日被人玩弄，使他神经不安，当然要多哭。

• 引自《儿童心理之研究》1925年，载《陈鹤琴全集》第一卷，江苏教育出版社，2008年8月，第211—212页。

4. 还有一个更坏的习惯，也是因为母亲宠爱婴儿而产生的,那便是当婴儿哭时,母亲便连忙把他抱起来,一面拍拍他一面抖抖他,有时还踱来踱去地直等到他睡着为止。当他睡着之后,母亲如果再把他放进摇篮时,他马上大哭起来,于是母亲又把他抱起来,拍拍、抖抖、踱踱,结果便使婴儿非抱、非拍、非抖、非踱就睡不着,甚至连母亲离开一步他都要哭。这样的坏习惯一旦养成,对婴儿的健康既无益,且母亲的痛苦,亦非常地酷烈。所以这种习惯,应从小就设法免除。坏习惯如果已经形成,父母当耐心来使他改正。我们当知道,让婴儿哭几声对于他是没有什么关系的,只要让他哭几阵,坏习惯也就渐渐地消除了。切不可怕他哭而姑息他。

• 引自《儿童心理学》1952年,载《陈鹤琴全集》第一卷,江苏教育出版社,2008年8月,第426页。

5. "病饱不病饥","病从口入",可说是卫生的至理名言,尤其是中国的家庭里,对儿童的食物和成人一样,质量方面,既毫无区别,分量方面,更毫无限制。好食虽然是儿童的天性,然而儿童的肠胃和消化力是和成人大不相同的。天天吃那些不容易消化的食物,并且吃得很多很饱,那是没有不生病的,所以中国儿童在断奶以后,往往形销骨瘦,百病丛生。考其原因,大半是由于饮食不慎所致,所以切不可把成人吃的东西给儿童吃,儿童要吃宜于儿童身体的食物,并且切忌吃得过多。这是做父母的应当特别留意。

• 引自《儿童教育的根本问题》1934年,载《陈鹤琴全集》第二卷,江苏教育出版社,2008年8月,第646页。

6. **做父母的要避免儿童哭泣**。找出儿童哭的原因,然后,设法消弭之,则哭自然可以减少了。养成儿童乐观的情绪,这是一个很重要的步骤。不过,我们还得注意的,便是我们切不可因使儿童勿哭而陷入溺爱儿童的泥沼。假使儿童由于你的不允许他什么东西,而以哭来相要挟的话,那么,你应当让他去哭好了。这样,使他知道哭是达不到目的的,以后也就不会利用哭来做手段了。

• 引自《儿童心理学》1952年,载《陈鹤琴全集》第一卷,江苏教育出版社,2008年8月,第445页。

三

行走的价值与影响因素

1. 行走是一件宝贵的活动,在地球上除了人类能直起身子用两脚行走之外,再也找不出第二种动物来。我们通常所看到的猩猩或猴子,它们虽然也能偶尔站起来行走几步,但是,无论如何,它们总不能走得像我们人类一样。因此,也有人认为人类之所以能成为万物之灵,直身行走亦是主要因素之一,足见行走是怎样的重要。

• 引自《儿童心理学》1952 年,载《陈鹤琴全集》第一卷,江苏教育出版社,2008 年 8 月,第 453 页。

2. 影响儿童行走主要因素:(1) 健全的骨骼、筋肉和神经的作用。行走是骨骼、筋肉和神经之三方面的联合活动,当身体未有健全的发展时,儿童便无法支持其身体的重量，以供前进。同时，筋肉的运动与神经的作用，都是行走的主要因素。所以，我们说行走的第一个因素，便是健全的骨骼、筋肉与神经的作用。（2）适当的智力程度。行走的发展，尚有赖于儿童的智力，就是说，儿童必须有起码的学习行走的心理准备。儿童智力高者，其行走便发展得较早。（3）有行走的动机，可以视作儿童对于行走有内在的要求。这种要求，一方面固然是出之于儿童内心的要求，同时也是儿童接受社会刺激的结果。当儿童在生理上已具有行走的能力时，他便会做行走的尝试，这可以说是很自然的趋势。但这种自然趋势与要求，每能因周围的人的鼓励和赞许，或特殊情境的布置而使其更加浓厚起来。同有无行走的伴侣，也很有关。（4）有行走的机会。当儿童已具有行走的能力的时候，成人应当给以行走的机会与自由。行走的活动，是从爬行、站立诸种动作发展而来的。假使儿童失去了爬行、站立或初步尝试行走的机会，那么，对于行走的发展，自然会遭受很大的阻碍。所以，行走的发展，尚须视儿童对于行走的机会是否充足而定。

- 引自《儿童心理学》1952年，载《陈鹤琴全集》第一卷,江苏教育出版社,2008年8月,第453—454页。

3. 固然,妨碍了儿童的运动是不正常的教育,但是儿童的脚尖与筋肉,没有充分地发展到足以支持全身的重量,即是说儿童行走的生理进程尚未成熟之前,做父母的便把儿童置于行走的情境中,所得的结果,正如妨碍儿童运动的机会一样的于儿童无益,甚至使儿童脚骨发展成不正常的姿态。所以,我们应当根据儿童行走发展的阶段,给以正确指导,始能有益于儿童的发展。

- 引自《儿童心理学》1952年,载《陈鹤琴全集》第一卷,江苏教育出版社,2008年8月,第443页。

4. 有许多父母,深恐儿童爬行时会跌伤或是把衣服弄脏,便禁止儿童爬行。哪知道爬行是儿童学习行走的最好练习机会,儿童可以因爬行而使背肌充分地发展。禁止儿童爬行,无异于剥夺儿童学习行走的机会。父母的这种态度,首先必须改变。

- 引自《儿童心理学》1952年,载《陈鹤琴全集》第一卷,江苏教育出版社,2008年8月,第443页。

5. 举例：有许多做父母的一看见小孩子轻轻地跌了一跤，就很慌忙地跑过去对他说："啊呦！我的团团可怜呀！跌死了！"小孩子本来是不哭的，也没有什么痛的，因为他父母这样说，就引起他的悲感，放声大哭起来了。我们对待一鸣不是这样的。他有一天玩弄他的一辆三轮小车的时候，偶不经心，车子倒了，他就跌倒了。我们并没有对他说什么，他也慢慢地爬起来说："汽车倒翻哉。"过了一天，他又连车跌倒了，他爬起来也一点不哭。因此，当小孩子不高兴的时候，做父母的不应当去暗示他哭。

讨论：小孩子跌倒，要让他自己爬起来，不要去引他哭。若是他跌得并不厉害，我们就叫他自己起来，对他说："很好，很好。""起来，不要紧，不要紧。"倘使他跌得厉害，我们也只要说："不要紧。"回去替他洗洗敷点药就完事了。何必大惊小怪，使他也恐慌起来呢？一鸣从小受了这种教育，所以他跌一跤，非但不哭，而且自己爬起来说许多发笑的话。

• 引自《家庭教育》1925年，载《陈鹤琴全集》第二卷。江苏教育出版社，2008年8月，第595页。

四

避免儿童受到惧怕与过度刺激

1. 在我们的时代里，真不知有多少成人，他们的不良情绪反应，是由于小时经验的结果。所以，在儿童幼小时来培养其优良习惯，的确是非常重要的。如何培养儿童的情绪：(1) 做父母的切不可暗示儿童使他害怕。(2) 做父母的要避免儿童哭泣。(3) 勿以刺激来加强儿童的情绪反应。(4) 勿叙述恐怖的故事。

• 引自《儿童心理学》1952年，载《陈鹤琴全集》第一卷，江苏教育出版社，2008年8月，第444—446页。

2. **做父母的切不可暗示儿童使他害怕。**我们可以普遍地发现不少父母用种种惧怕的暗示来对待儿童。

比如儿童哭的时候,他们便会说:"野猫来了,狼来了,小宝宝不要哭,再哭狼会来把小宝宝拖走的。"有许多父母以为用言语来威吓小孩子不够,还要故意敲敲桌子、板凳,表示狼真的来了的样子。哪晓得这样威吓,是替儿童日后情绪失常播下了种子。所以儿童哭时,父母切不可这样来威吓,以免引起他的惧怕。更忌用"父亲"的名义来恐吓儿童。

• 引自《儿童心理学》1952年,载《陈鹤琴全集》第一卷,江苏教育出版社,2008年8月,第444页。

3. 儿童惧怕黑暗,究其原因不外后天之经验与想象。儿童喜听人讲说鬼怪的故事,但儿童的想象非常活泼,因此灯下所听鬼怪奇兽在黑暗的地方都显现了。这种黑暗惧怕心,不单儿童有,就是成人也难免,有许多成人明知黑暗之不足畏,但因幼时所受刺激太深,仍不免临事而惧。

• 引自《儿童心理之研究》1925年,载《陈鹤琴全集》第一卷,江苏教育出版社,2008年8月,第196页。

4. 惧怕可以抑制儿童的动作。做父母的常常利用这种心理来支配儿童的动作,例如儿童晚上要哭,做父母的吓他说:"狗来了,猫来了,老虎来拖了。"这种恐吓手段虽然能抑制他的哭,不过这不是教育上良好的办法。

· 引自《儿童心理之研究》1925年,载《陈鹤琴全集》第一卷,江苏教育出版社2008年8月,第220页。

5. 举例:我同一鸣(一岁零十个月)在草地上游玩的时候,他看见一只大蟾蜍就举起手来向着后退,并且喊叫说:"咬!咬!"我走过去,在地上拾了一根棒头,轻轻地去刺着那只蟾蜍说:"蟾蜍,你好吗?"后来他拿了我的棒头也去刺刺,但是一触就缩回,仍显出怕的样子,但比当初好得多了。

讨论:我常常看见做父母的禁止他们的小孩子去玩弄动物,如田鸡、蚯蚓之类。其实这种动物是不会伤人的。小孩子同它们玩就晓得它们的生活状况,所以,我们不但不应该禁止小孩子去玩它们,而且不要暗示小孩子使他对于动物发生惧怕。上边所举的,是暗示小孩子不怕动物的一个好方法。

• 引自《家庭教育》1925年,载《陈鹤琴全集》第二卷,江苏教育出版社,2008年8月,第589页。

6. **勿以刺激来加强儿童的情绪反应。**当儿童惊惧的时候,如再听到其他声响或其他的震动,那么他这种惊惧,便会更加厉害。所以,当儿童的情绪被激动时,最好的办法是如何使他安静,避免任何其他的声音或震动的刺激,以防止儿童情绪反应的加强。

• 引自《儿童心理学》1952年,载《陈鹤琴全集》第一卷,江苏教育出版社,2008年8月,第445页。

7. **勿叙述恐怖故事。**当儿童能够了解语言的时候,成人切勿向儿童叙述鬼怪故事。一个成人的怕鬼怕怪,可以说完全是由幼时所听故事的影响。有许多人总喜欢讲些鬼怪故事给儿童听,以儿童的惊怕做玩笑的资料,这是最不应该的。

• 引自《儿童心理学》1952年,载《陈鹤琴全集》第一卷,江苏教育出版社2008年8月,第446页。

8. 小孩子为什么怕的,为什么哭的:(1) 做父母的切不可暗示小孩子使他发生惧怕。(2) 小孩子的惧怕有时要迁移的,所以我们做父母的要格外当心,使小孩子不致发生惧怕。(3) 不要以"父亲"的名义来恐吓小孩子。(4) 小孩子发生惊慌时,需慎防其他大的声响,以免增加他的惊慌。(5) 小孩子常常哭泣是不好的,我们应当设法把它免除才好。(6) 小孩子疲倦了是要哭的,或者容易发脾气的。(7) 小孩子以哭来要挟的时候,做父母的应当绝对地拒绝他。(8) 当小孩子不高兴的时候,做父母的不应当去暗示他哭。

• 引自《家庭教育》1925年,载《陈鹤琴全集》第二卷,江苏教育出版社,2008年8月,第589—596页。

9. 在儿童情绪发展的过程中,我们随时注意与指导,固然可使发展的道路趋向于正确的方向。但如果儿童已经养成了许多不良的情绪反应,那么,我们应当用什么方法去教育他、去纠正他,这是值得研究的。通常纠正不良情绪的方法,不外乎以下几种:(一) **隔离法**,也可以叫做废止法,就是说把足以引起儿童不良情绪反应的刺激，跟儿童隔离开来，不再呈现在儿童面前，使儿童对这种刺激的观念，慢慢淡漠下去，以至于全部忘记了。如儿童因为特殊的缘故，一见猫就表现强烈的惊惧，那么，我们就让猫与儿童隔离开来，不再使它呈现在儿童面前，日子久了，使儿童忘记了怕猫的事实。这种方法，乃是从"用进废退学说"为出发点的，也是桑代克（又译：桑戴克，Edward Lee Thorndike 1874—1949，美国心理学家，动物心理学的开创者，心理学联结主义的建立者和教育心理学体系的创始人）"练习律"的应用。因为这条学习定律，是认为刺激与反应之间的联结是与练习次数成正比的。可是，事实上这种改造情绪的方法，却并不有效。（二）**抑制法**，这是以外界压力来使儿童改变其反应态度的方法，就是说当儿童的不良情绪发作时，大人就笑他或骂他，使儿童勉强地抑制住这种反应的出现。这种方法，一般父母用的比较多，不过很可惜的便是这种方法的危险性很大，因为儿童可能因大人的笑骂而养成不良的习惯与情绪。（三）**同化法**，这是以外界的影响来同化儿童情绪的方法。譬如，儿童怕猫，我们就让其他不怕猫的儿童在他面前玩猫。看了别人不怕猫，自己也就慢慢地不怕猫了。这种方法的效果相当好,尤其是在集体的生活中,作用更大。不过这种方法,在运用时困难还是有的,因为许多儿童原来不怕这东西,一旦看到别人怕,则自己也怕了。这样不但没有纠正别个儿童的情绪,反而使他也发生惧怕反应了。这不能不说是一个大遗憾。(四)更替法,行为主义心理学家提出了一个新的方法,即更替法。华生(Watson. John Broadus,1878年—1958年,美国心理学家,行为主义心理学的创始人)认为这种方法是改造惧怕情绪的惟一有效的方法,因为他认为儿童的情绪既可以由交替而形成,自然也可以用交替来消灭。根据这一论点,他曾用小孩彼得的实验,来说明这种方法的成功。彼得对于日常生活的情境,都能善于适应,不过惟一的缺点就是他所惧怕的东西特别多,而这种惧怕的形成,都起因于家庭生活。……惧怕情绪,既可由更替法而改造,则其他情绪反应,亦必有同样的可能。因此,这种更替法从华生提出之后,在教育上已起了一定的影响,值得我们注意。

- 引自《儿童心理学》1952年,载《陈鹤琴全集》第一卷,江苏教育出版社,2008年8月,第446—447页。

五

儿童早期情绪与情感发展

1. 儿童对于别人的举动有一种生理的模仿趋势,别人哭笑,儿童不知不觉地也会哭笑起来。儿童到半岁的时候,这种反射模仿就发生了。这个模仿虽然一生都有,不过1岁半以内的儿童恐怕只有这种模仿且很发达。成人之一笑一怒,儿童有时能如镜子似的反照出来。这样说来,儿童之性情和礼貌大受环境的影响了。做父母的岂应终日皱眉无笑容呢?

• 引自《儿童心理之研究》1925年,载《陈鹤琴全集》第一卷,江苏教育出版社,2008年8月,第133—134页。

2. 如何抑制儿童的动作:(1)用觉官的刺激,可以抑制儿童的动作。(2)用儿童所喜欢的东西,可以抑制他的动作。(3)看见从前他曾经经验发生快感的东西,就会停哭。(4)他回忆不快乐的经验,他的动作就可以抑制。(5)惧怕可以抑制他的动作。

• 引自《儿童心理之研究》1925年,载《陈鹤琴全集》第一卷,江苏教育出版社,2008年8月,第220页。

3. 儿童发脾气、作娇、惧怕蛇、狗等,大概诸位都看到过,这就是儿童情绪的表现。在普通的家庭里,不是弄得儿童像霸王,就是弄得儿童终日哭泣,或者见到什么都生怕,不能离开母亲一步,对于儿童都是"爱之适以害之"的。

• 引自《幼稚教育》1926年,载《陈鹤琴全集》第二卷,江苏教育出版社,2008年8月,第18页。

4. 年轻的母亲:你不要一听见小孩子哭就去喂他。你知道小孩子为什么哭呢?我们应当来研究一下。小孩子的哭可以分为两大类:一类是属于生理的,一类是属于心理的。生理的哭有哪几种呢?小孩子饿了要哭,渴了要哭,冷了要哭,热了要哭,痛了要哭,病了要哭,尿布湿了也要哭,哭是小孩子求生存的武器,不哭小孩子不能生存。所以世界上没有一个不会哭的小孩子,不过有的哭得多一点,有的哭得少一点罢了。若小孩子养得好,他可以少哭些,也许他可以不必哭……我常常看见做母亲的一听见小孩子哭,就飞也似的跑过去抱他起来,喂他奶吃,不管他是饿了哭呢,还是渴了哭,不管他是痛了哭呢,还是病了哭。哭固然最使人讨厌,但我们不可尽用喂奶的方法来解决小孩子的哭。

• 引自《怎样做父母》1943 年,载《陈鹤琴全集》第二卷,江苏教育出版社,2008 年 8 月,第 665 页。

5. 在封建社会里面,父母常常以恐吓打骂的方法对待小孩子。如果小孩子不听话,开口就骂,动手就打,要不然就恐吓小孩,说神说鬼的,使小孩子发生无谓的惊慌。在今天的社会里面,儿童是被保护的,他有独立的人格,父母应该尊重他的人格,不能够任意恐吓和打骂,以致影响儿童的心身发展。

• 引自《如何使幼稚生适应新环境》1952 年,载《陈鹤琴全集》第二卷,江苏教育出版社,2008 年 8 月,第 451 页。

六

儿童语言发展过程

1. 言语是人类建立社会关系的主要因素之一。人们借言语之助,使思想的交换成为可能,固然在社会关系的沟通方面,图画、文字等也非常重要,但最简单而最基本的工具,还是要算言语。

· 引自《儿童心理学》1952 年,载《陈鹤琴全集》第一卷,江苏教育出版社,2008 年 8 月,第 459 页。

2. 儿童当初学话的时候,屡次要说错。做父母的应当立刻矫正他的错误。如我的小孩起初说"book"叫"boop",我总是同他说"book";对于"old man"这个词,当初他只能说"olpan",到后来他说惯了,虽然能说"old

man",他还是说"olpan",这是习惯的缘故。儿童说话虽然有了发音的能力,第一次所说的音,大概总不很对,所以你应立刻就矫正他的。矫正了三四遍,他就能说对了。

• 引自《儿童心理之研究》1925年,载《陈鹤琴全集》第一卷,江苏教育出版社,2008年8月,第290页。

3. 关于言语教育,首先要紧的就是使儿童把学习言语作为游戏一般乐于接受。许多父母往往深恐儿童言语发展得太迟,有碍于做父母的面子,于是每有拔苗助长的企图,勉强儿童学习说话,致使儿童对于言语发生厌恶恐惧的心理。如此,不但无益于儿童言语发展,反而阻塞了发展的道路,这是成人们切忌之一。

• 引自《儿童心理学》1952年,载《陈鹤琴全集》第一卷,江苏教育出版社,2008年8月,第462页。

4. 当儿童学走的时候(1岁—1岁半),他的言语似属迟迟不进,待到能走之后,言语发展得就很快了。(1) 在此时期,儿童的知解能力比说话来得好,"字句"

也能说了。(2) 重音的字现在是最喜欢说的,如"爸爸""妈妈""猫猫""人人""quack-quack"(注:嘎嘎声)等等。(3) 模仿心亦非常浓厚,凡所听得的,就要模仿。(4) 名字之淆乱。儿童在此时对所有的概念不甚清楚,不过我们也可以知道他的联念方法(association methods)。他叫明月曰"灯";叫橘子、帽子以及其他圆物都曰"球"。我的邻人的小儿叫狗、兔、牛曰"马";我的友人的小儿凡见男子的相片都叫"daddy"(注:爸爸);凡见女子的相片都叫"mamma"(注:妈妈)。不过这些儿童并不叫马曰"mamma";也不叫人曰"bowwow"(狗),也并不以对待父母的态度对待别人。这可见儿童已具甄别人物的能力,也可见儿童之联念方法。

• 引自《儿童心理之研究》1925 年,载《陈鹤琴全集》第一卷,江苏教育出版社,2008 年 8 月,第 295 页。

5. 语言系第二信号,应有物质基础。因此学习语言,掌握语言的真理,必须从实际出发。例如要儿童学习"冷""热"这两个字,我们必须把冷的东西和热的东西与儿童相接触,若是单单叫他用耳朵听听那两个字的声音,那两个字对于他是毫无内容,不过是空洞的声音而已,一点没有用处。

- 引自《读〈幼儿园的语言课程〉》1955 年,载《陈鹤琴全集》第六卷,江苏教育出版社,2008 年 8 月,第 422 页。

6. 我们知道,儿童的言语,在开始时总是说得不正确的。当儿童发音不正确的时候,最好是能立予纠正。但有两种态度成人必须予以革除。第一种态度,便是讪笑,每每成人看见儿童说错了音,便哄然大笑起来,这样很易使儿童的言语动机受到严重的抑制;第二种态度,便是模仿,每每成人听到孩子说错了字音,以为很好玩,便故意来模仿这种孩子话。儿童对于这种孩子话的模仿,是可能发生很大的兴趣的,但对儿童言语上的发展,则遗下了劣根。后来有许多年长的儿童,每每停滞在孩子话的阶段,造成言语上的缺陷,与此实有很大的关系。

- 引自《儿童心理学》1952 年,载《陈鹤琴全集》第一卷,江苏教育出版社,2008 年 8 月,第 462 页。

七

如何矫正儿童语言障碍

1. 口吃者为什么口吃呢？是否是先天遗传下来的，还是后天学来的？口吃一症，是从后天发生的，是因为未口吃以前，口吃者偶遇阻力，使所要说的字句，忽而说不出来，以后就怕说那个字句。一怕说，寻常说话的机械动作大受阻挠，而还要用力去战胜它。说话的机械动作一受阻挠，说话因此不易，而惧怕益甚。口吃不是因为字音难说的缘故，有时口吃的人唱歌唱得很好，或唱戏唱得很好。我听说一个口吃的，一日往姐处报母丧。一见姐，一字不能说，惟顿足敲手而已。其姐见之不胜悯怜，遂叫他把他的意思唱出来，他因得报告来意。还有一种致口吃的原因，就是模仿。常有儿童，因模仿口吃者而发生口吃。口吃儿大抵因惧怕发生的。所以矫正之法,不外使口吃的儿童有自信心,使他战胜他的惧怕心。最好常教以唱歌,与以独自低说。

• 引自《儿童心理之研究》1925年,载《陈鹤琴全集》第一卷,江苏教育出版社,2008年8月,第354—355页。

2. 当儿童厌倦或情绪激动的时候,他的言语每不能跟他的思想相一致,这时他便能发生口吃的现象。如儿童不去注意口吃,往往很快就会消弭这种口吃。成人发现儿童口吃时,应即冷静地观察其缘由,切不可惊慌失措或讥讽嘲笑。不过儿童故意模仿别人的口吃时,我们便当设法禁止。

• 引自《儿童心理学》1952年,载《陈鹤琴全集》第一卷,江苏教育出版社,2008年8月,第462页。

3. 当我们发现一个儿童到了能说话的年龄而仍然不说话的时候,我们便更应审慎地考察其说话的各种机构以求出其中的缘由,再来纠正他。必要时,还得请教医师与专家。通常(幼儿)说话有赖于生理的与心理的条件。生理方面,可以分成三个部分:(1) 接音部(耳、听觉神经末梢);(2) 联音部(大脑听觉区、语言动觉区);(3) 发音部(咽喉、气管、腭、舌、唇、齿)。心理方面,则以情绪与思想关系很大。假使一个不说话的儿童是由于心理上的缺陷,那么这种缺陷还会表现于其他的方面,如愚钝、运动控制力薄弱等。言语机构的缺陷,我们应当及早发现,而予以纠正。

• 引自《儿童心理学》1952年,载《陈鹤琴全集》第一卷,江苏教育出版社,2008年8月,第463页。

第五章
儿童心理特点与教育方式

一

了解儿童心理,开启儿童教育之门

1. 儿童心理学,顾名思义,便是一种研究儿童心理发展规律的科学,它是以儿童为研究对象,以心理发展为研究主题的科学。研究儿童心理学,便可以知道儿童的感觉发展的情形,动作发展的程序,他的情绪的变化与发展,他的记忆与遗忘,他的习惯与思想。凡儿童的生活现象,儿童心理学都应予严密的研究。因此,我们要了解儿童,要教育儿童就得老老实实地来研究儿童心理学。

• 引自《儿童心理学》1952年,载《陈鹤琴全集》第一卷,江苏教育出版社,2008年8月,第408页。

2.讲到教育儿童,先要明了儿童的生理和心理,晓得儿童身体方面的性质和心理方面发展的程序,才可以晓得怎样去教他们、怎样去育他们,使他们发育强健的身体,养成良好的习惯,获得丰富的经验和知识,成为健全的国民,为我们将来的国家社会尽力。

· 引自《在儿童节告全国成人们》1932年,载《家庭教育与父母教育》,上海人民出版社,2016年1月,第183页。

3.是以我们要研究人的心理,最好先研究未达学龄的儿童始。从实施教育方面说,我们若要教育之有成效,非明了受教育者之心理不可。若不顾受教育者之心理而妄教之,那没有不失败的。

· 引自《未达学龄的儿童之研究》1926年,载《陈鹤琴全集》第一卷,江苏教育出版社,2008年8月,第372页。

4.凡稍明事理的人,都知道儿童不但是难养而且是难教的。有时候他非常来得倔强,你不晓得骂他好呢,还是打他好;让他去好呢,还是抑制他好。有时候他睡在床里哭喊,你不晓得去抱他起来摇摇好呢,还是让他大哭大喊的好;有时候他要出去玩玩,你不晓得让他去玩好呢,还是禁止他好;有时候他要东西吃,你不晓得给他吃好呢,还是不给他好;有时候他要唱歌、他要画画,你不晓得怎样教他唱、教他画。能了解儿童,这许多问题就容易解决,儿童也就不见得怎样的难教与难养了。

• 引自《儿童心理学》1952年,载《陈鹤琴全集》第一卷,江苏教育出版社,2008年8月,第407页。

二

早期儿童心理特点与发展规律

1. 总起来说,小孩子(1)好游戏的。(2)好奇的。(3)好群的。(4)好模仿的。(5)喜欢野外生活的。(6)喜欢成功的。(7)喜欢别人赞许他的。这几点儿童的心理,不过是荦荦大者而已;至于不甚紧要的,略而不述了。即从上面所说的几点看来,我们教小孩子必须先要了解小孩子的心理。若能依据小孩子的心理而施行教育,那教育必有良好效果的。

• 引自《家庭教育》1925年,载《陈鹤琴全集》第二卷,江苏教育出版社,2008年8月,第527页。

2. 小孩子是生来好动的,以游戏为生命的。要知多运动,多强健;多游戏,多快乐;多经验,多学识,多思想。所以做父母的不得不注意小孩子的动作和游戏。第一,做父母的应准备良好的设备使小孩子得着充分的运动;第二,做父母的应寻找适宜的伴侣使小孩子得着优美的影响。有此二者,小孩子的身体就容易强健,心境就常常快乐,知识就容易增进,思想就容易启发。

• 引自《家庭教育》1925年,载《陈鹤琴全集》第二卷,江苏教育出版社,2008年8月,第523页。

3. 儿童生来是好动的,他喜欢听这样,看那样;推这样,拉那样;忽而玩这样,忽而弄那样;忽而立忽而坐;忽而跳,忽而跑;忽而哭,忽而笑,没有一刻的工夫能像成人静坐默思的。你要叫他像成人的样子穿了长衫,规规矩矩坐起来,他实在觉得精神上痛苦不堪。你要问:"儿童虽然生来好动的,但坐坐有什么难处呢?"咳,你不晓得他的心理嘎,儿童为什么好动呢? 因为他的感觉与动作很连通的,若他一想到吃,他就去寻东西吃,他一觉得痛,他就哭。他一听到门外欢呼声,便即刻跑出去看。总之,儿童在此刻还没有养成抑制力,他的行动完全为冲动与感觉所支配,他的言语上的动作也是很多的。

- 引自《儿童心理之研究》1925年,载《陈鹤琴全集》第一卷,江苏教育出版社2008年8月,第212页。

4. 若小孩子不好奇,那就不去与事物相接触了;不与事物相接触,那他不能明了事物的性质和状况了。倘使他看见了冰,不好奇,不去玩弄,那他恐不会知道冰是冷的。倘使他听见了外面路上的汽车声,不跑出去看看,那他恐不会晓得汽车是什么东西。所以好奇动作是小孩子得着知识一个最紧要的门径。

- 引自《家庭教育》1925年,载《陈鹤琴全集》第二卷,江苏教育出版社2008年8月,第524页。

5. 小孩子喜欢合群的。做父母的正可以利用这种好群的心理以教育小孩子。第一,我们要使他得着良好的小朋友;第二,我们应给他驯良的动物如猫、狗、兔子等做他的伴侣;第三,我们再给他小娃娃之类以聊解他的寂寞。

- 引自《家庭教育》1925年,载《陈鹤琴全集》第二

卷,江苏教育出版社,2008年8月,第526页。

6. 二三岁的小孩子就喜欢"听好话"的,喜欢旁人称赞他的。比如今天他穿一件新衣服,就要给他父亲看;着了一双新鞋子,就要给他同伴看。到了四五岁的时候,这种喜欢嘉许的心理还要来得浓厚。假使他不愿意刷牙齿,你可指着一个牙齿洁白而肯刷牙齿的小孩子说:"他的牙齿多好看,多清洁,你若天天刷牙齿,你的牙齿也会像他这样整齐好看呢!"小孩子听了你的话,恐怕就要去刷了。若刷了之后,你可就称赞他说:"呀!你的牙齿是白了一点了,好看得多了。"他听了必然觉得非常地高兴,下次洗脸时就喜欢刷牙了。这种赞许心,我们做父母的教育小孩子是应当利用的,然而不可用得太滥,一滥就失掉它的效用,反不若不用为妙。

- 引自《家庭教育》1925年,载《陈鹤琴全集》第二卷,江苏教育出版社,2008年8月,第526页。

7. 叫小孩子做的事情不要太难;若太难,就不能有所成就;若没有成就,小孩子或者要灰心而下次不肯再做了。反而言之,若所做的不甚难,小孩子能够胜任而有成就的;一有成就,就很高兴,就有自信力;所成就者愈多,自信力也愈大;自信力愈大,事情就愈容易成功。因此自信力与成功就互相为用的了。

- 引自《家庭教育》1925年,载《陈鹤琴全集》第二卷,江苏教育出版社,2008年8月,第524页。

三

环境对儿童成长产生影响

1. 个人健康的因素有两个：一个是遗传，一个是环境。环境包括教养，照近代科学的研究，环境影响个体比遗传还要来得大。

• 引自《怎样锻炼小孩子》1951 年，载《陈鹤琴全集》第三卷，江苏教育出版社，2008 年 8 月，第 32 页。

2. 小孩子生来一点没有什么观念的，但是他有几种基本的能力：一、接受外界的刺激；二、这种刺激在脑筋中肌肉里或者可以保留着；三、他受到那种刺激到相当的时期，有相当的反应。这三种基本的能力，是他一生做人的基础。刺激就是从环境中来的。好的刺激，就得到好的印象;坏的刺激就得到坏的印象。他听见家庭里常常骂人的声音,到后来就不知不觉地也会骂人,他虽然不晓得骂人是好是坏,他看见成人这样做,就这样学。他看见成人随地吐痰,他也不知不觉地随地吐痰,他不晓得随地吐痰是好是坏,他看见成人这样做,就这样做。反过来说,如若他所居的环境是很优美的,所听见的音乐是很好的,他就不知不觉地很高兴地唱起来。他看见美丽的图画,他也来画画看。他看见别人说话文雅、走路轻快,他也会慢慢儿说话文雅、走路轻快的。总说一句,怎样的环境,就得怎样的刺激、怎样的印象!从所得的印象中,常常发生与印象有关系的动作。

• 引自《为儿童造良好的环境》1935年,载《陈鹤琴全集》第二卷,江苏教育出版社,2008年8月,第636页。

3. 儿童的脑筋,原是纯洁无暇的。我们教导纯洁无暇的儿童,就是要教他们吸收一切有益的印象,发展合理的思想和思考的能力,摒除一切不好的印象,避免差错的思想和无谓的恐惧,所以在积极方面,要利用他们的好奇心,引导他们去研究他们的环境,教导他们自己去探索各种事物的原理,借此获得正常的经验,组织准确的想象。消极的方面,第一是多给他们自动和发问的机会,增加他们的自信力和探索的兴趣。凡百事情做父母的做教师的,切不可一手包办,或横加干涉,应当从旁观察,相机指导。第二是切不可恐吓他们,使他们发生无谓的恐惧,脑筋里,无端地印入一种恐惧的印象。譬如禁止儿童哭泣,就说:"暗地里有妖怪要来捉你。"禁止儿童外出,就说:"外边有老虎可来吃你。"这种无意识的恫吓,大有妨害于儿童心理的健全,抚育儿童的需引为大戒。第三是要以身作则。凡一举一动,都要做儿童的模范,因为儿童的脑筋是纯洁的,而且又是富于模仿性的,看到好的举动,无形之中,就得到好的印象;看到不良举动,无形之中,就得到坏的印象,所谓"习于善则善,习于恶则恶"。这是不磨之论,负有教育儿童的责任的,都应当随时警惕,处处留意,庶几儿童的心理,可以健全的发展。

• 引自《儿童教育的根本问题》1934年,载《陈鹤琴全集》第二卷,江苏教育出版社,2008年8月,第645—646页。

4. 小孩子生来大概都是好的,但是到了后来,或者是好,或者是坏,都是因为环境的关系。环境好,小孩子就容易变好;坏境坏,孩子就容易变坏。一个小孩子生长在诡诈恶劣的环境里,到大来也会变得诡诈恶劣的。一个小孩子生长在忠厚勤俭的环境里,到大来也是忠厚勤俭的。这是什么缘故呢?他所看见的,所听见的,都是坏的印象,那他反应的大概也是坏的;倘使他在一种很好的环境里生长,他所听见的、所看见的,都是很好的印象,那他所表现的,大概也是很好的。

- 引自《为儿童造良好的环境》1935 年,载《陈鹤琴全集》第二卷,江苏教育出版社,2008 年 8 月,第 636 页。

5. 初生的婴儿不像小鱼小鸟。鱼鸟的各种活动可以说生来就能做的。我们人的活动大部分是生后学来的。儿童的身体脑筋都要渐渐地发展;儿童的道德要逐渐涵养;儿童的谋生能力也要渐渐地储蓄;人生一切的活动都要在儿童期内发展的。还有一个意思我们要明白,就是儿童期是发展个人的最好的机会。什么言语,什么习惯,什么道德,什么能力,在儿童的时候学习最速,养成最易,发展最快。

- 引自《儿童心理之研究》1925年,载《陈鹤琴全集》第一卷,江苏教育出版社,2008年8月,第52页。

6. 我们的环境生活既然这样复杂,我们的适应能力就要大了,要发展适应能力非有发展的时期和可以发展的性质不可。我们的儿童期就含有这两方面意思:一方面儿童期是发展能力的时期,一方面儿童期具有可以发展的性质,此即所谓可塑性或谓可教性。

- 引自《儿童心理之研究》1925年,载《陈鹤琴全集》第一卷,江苏教育出版社,2008年8月,第52页。

7. 暗示可以增加儿童的痛苦。儿童有时受了一点痛苦,因为环境的暗示觉得痛苦更加深重。比方儿童的手指被刺出血来,当初并不觉得怎样痛,不过后来他母亲看见,现出痛苦的样子,并且慌忙地替他包裹,而且问他说:"痛不痛?"再叫他"不要哭!不要哭!"儿童受了这种暗示,当然要痛哭起来了。

- 引自《儿童心理之研究》1925年,载《陈鹤琴全集》第一卷,江苏教育出版社,2008年8月,第149页。

8. 人的动作很容易暗示儿童的,如戏剧中有系统的动作格外容易暗示儿童的。近来影戏影响儿童的动作非常之大,儿童常常看见影戏中各种欺诈抢掠的事情,也就在社会上发生欺诈抢掠的行为。

• 引自《儿童心理之研究》1925年,载《陈鹤琴全集》第一卷,江苏教育出版社,2008年8月,第149页。

9. 不仅言语行动,你要以身作则。就是你的态度,你的思想,也要以身作则。你是一个悲观的人,看事物都用悲观的眼光去看,那小孩子的态度也一定是悲观的;若你的态度是乐观的,那小孩子的态度也会乐观的。你要以身作则,要明了儿童的心理。

• 引自《怎样做父母》1947年,载《陈鹤琴全集》第二卷,江苏教育出版社,2008年8月,第673页。

10. 有一次,我从普陀乘船回上海,船上的环境非常恶劣,什么赌博,什么鸦片,几乎到处皆然。服侍我的一个16岁的茶房,看起来很聪明,也居然吃起香烟来。我就劝告他说:"香烟是有毒的,你这样小小的年纪,不可吃的!"过了一息,我看见他又居然大叉其麻将。这小孩子曾经读过四年书,看起来玲珑可爱,但是生活在这种环境之下,也就同化了。我们不能说他坏,我们不得不归罪于环境。你说要小孩子不受环境的影响,世界上有几个? 有几个能超出环境之上的?

• 引自《家庭教育》1925年,载《陈鹤琴全集》第二卷,江苏教育出版社,2008年8月,第636页。

四

为儿童营造良好的成长环境

1. 为小孩子应该造怎样的良好环境:(1) 游戏的环境;(2) 劳动的环境;(3) 科学的环境;(4) 艺术的环境,包括音乐的环境、图画的环境、审美的环境;(5) 阅读的环境。

• 引自《家庭教育》1925 年,载《陈鹤琴全集》第二卷,江苏教育出版社,2008 年 8 月,第 637—641 页。

2. 在家庭里面,墙壁上的布置,桌子上的摆设,都应该有种审美的意味;甚至房间里的各种用品衣服等等,都应当放得整整齐齐,不应该随便乱摊乱挂。审美的观念,不到一岁的小孩子已经有了,就是三四个月的小孩子,看见红绿可爱的东西,也就显出快乐的样子。假使房间里的装饰布置,都是杂乱无章的,小孩子不知不觉地也会犯这种毛病。反过来说,家庭里很有审美的意义,小孩子不知不觉地也会养成一种审美的习惯。

• 引自《为儿童造良好的环境》1935年,载《陈鹤琴全集》第二卷,江苏教育出版社,2008年8月,第641页。

3. 在外国不少地方,看书的环境,到处皆然。在火车上、电车上、轮船上,差不多个个人不是看书,就是阅报。有一次我经过东京,看见黄包车夫在没有生意的时候,也看报纸。拉我的车夫告诉我:"现在上海霍乱很厉害。"他说是从英文报上看来的。一个黄包车夫居然也爱看报,这种习惯多么好!这种习惯,影响着小孩子多么大!试问我们中国的家庭怎么样?我们的社会怎么样?没读过书的固然可以不说,但是读过书的,又怎么样呢?不少受过教育的男女出了学校之后,对于看书,也都没有大的兴味,好像书是属于学校的,于本身的职业,于本身的修养,于本身的娱乐,是没有多大的关系。实在要叹有许多人对于世界大事的认识程度是非常浅陋,就是对于国内的事,也不甚关心,什么各种科学上的新发明,史地上的新发现,都置若罔闻。这种环境,怎样能引起小孩子喜欢看书阅报呢?所以,要小孩子喜欢阅读,我们的家庭,我们的社会,必定要先有阅读的环境。在家庭里,做父母的,自己一天之内,总要看看书,看看报;对于小孩子,我们也应当买给他各种相当的儿童读物。开始的时候,做父母的还应当好好地指导他,引起他的兴趣使他欢喜阅读哩。

· 引自《为儿童造良好的环境》1935年,载《陈鹤琴全集》第二卷,江苏教育出版社,2008年8月,第641页。

4. 家庭娱乐,在我们中国是一个很重要的问题,是一个很值得研究的问题,也是一个应当切实改良加以提倡的问题。家庭娱乐于个人的幸福、社会的安宁、民族的健康、国家的前途都有非常密切的关系。我敢说,社会之所以不安宁,民族之所以不健康,家庭中缺少正当的娱乐也是一个重要的原因。人不应一日不做工,也不应一日不娱乐。娱乐可以调剂他工作上的疲劳,可以促成他身体上的健康,可以增进他精神上的愉快。不正当的娱乐不但耗神费财,直接于自己身心上有莫大的害处,间接于整个社会的安宁、国家的前途也有很大的影响。

• 引自《家庭娱乐》1937年,载《家庭教育与父母教育》,上海人民出版社,2016年1月,第202页。

5. 还有一对美国夫妇,我也非常钦佩。他们的家庭是非常整洁,非常有秩序。早晨起身,同着小孩子唱唱谈谈,充满了快乐的景象。早餐后家属团聚,做了一个简单的礼拜,或是唱诗或是读经。(在这里我要声明的我并不是来宣传宗教。不过我们可以把做礼拜的方式改做早会,和子女聚在一起谈谈修身的道理。或者讲讲有寓言的故事,暗示小孩子怎样做一个好人,怎样做一个有为的人,岂不很好。)他们在一天工作完毕后,常常带了小孩子出外散步,或游戏,或拍球,以调剂他们一天的疲劳,来恢复他们的精神。傍晚,在灯下同小孩子做各种静的游戏(如算学游戏、棋类游戏等),或者讲讲故事,说说笑话,唱唱诗歌。这种生活有工作、有娱乐,这种家庭可说是很美满的了。

• 引自《家庭娱乐》1937年,载《家庭教育与父母教育》,上海人民出版社,2016年1月,第203页。

6. 反观吾国一般普通家庭,早晨起来,做男子的出外做工,做女子的在家佐理家务。男子则晚上回家,就晚餐安息。安息固然是人生调剂工作疲劳的最好妙法,但相当的娱乐也是应当享受的。然而,像这种"日出而作,日入而息"的家庭,已经算是很好的了。他们没有做出不正当的娱乐,也不至于做出不正当的罪恶来。最应改良最应注意的一种家庭,就是男女夫妇、亲戚朋友团聚一堂,沉湎赌博,日以继夜。对于他们子女的教养势必无暇兼顾,以致家庭中秩序颠倒、饮食失常。还有一种家庭,丈夫因为在家中没有娱乐,就在跳舞场上去寻欢乐,甚至深夜不归,晨昏颠倒。这种情形对于夫妇感情上也要发生裂痕,而于自己身心上、工作上无一不发生莫大的害处。(作者按:跳舞在家庭里或在正当的场所和亲友跳跳,也是一种正当的娱乐,值得来提倡的。)吾国一般的家庭,因为缺乏良好的娱乐品,所以有以上种种不正当的娱乐产生出来。倘使有了良好的娱乐,那不正当的娱乐,自然会消灭于无形。苟一味禁止消极的娱乐,而没有给他正当的娱乐来代替,那是无补于事的。

· 引自《家庭娱乐》1937年,载《家庭教育与父母教育》,上海人民出版社,2016年1月,第205页。

五

儿童应从小养成良好的生活习惯

1. 在我们的时代里,真不知有多少成人,他们的不良情绪反应,是由小时经验的结果。所以,在儿童幼小时来培养其优良习惯,的确是非常重要的。

· 引自《儿童心理学》1925年,载《陈鹤琴全集》第一卷,江苏教育出版社,2008年8月,第444页。

2. 习惯是什么呢?习惯是一种行为,是一种不知不觉不假思索的行为。譬如走路,便是一种习惯的行为。在走路的时候,是不必加以思索的,假使要加思索的话,恐怕连路也走不好了。又如我们下楼梯,也是一种不必加以思索的行为,假使要加以思索的话,就会妨碍下楼梯。所以说,习惯是一种自然的、不假思索的、不知不觉的行为。美国有一位心理学家说:"行为就是一种习惯。"这句话是对的。除了少数的例外,一切行为都是习惯。在一天里面,起床、穿衣、穿鞋、洗脸、漱口、吃饭拿碗筷,甚至上办公室拿笔,都是一种习惯,这些事假使要加思索的话,也许都成问题了。一个人假使养成了一种良好习惯的话,他将得到很多的益处,一生受用不尽。假使习惯不好的话,那么将使他一生蒙受害处。

• 引自《怎样做父母》1948年,载《陈鹤琴全集》第二卷,江苏教育出版社,2008年8月,第681页。

3. 儿童饮食起居需有定时。儿童休息的时候,既然要绝对的安静;平时起居饮食,也要有一定的时候,不可或早或迟。因为饮食起居是同儿童脏腑的动作、血液的运行有密切的关系。如果不按时候,随便给他不规则的刺激,儿童身体的内部也就发生了不规则的反应,不但阻碍儿童的发育,而且还容易致病。因为这个缘故,儿童每日的起居饮食,必须要有一定的钟点;饮食的分量,要有一定的多寡;不可或早或晚,也不可过多过少,致儿童的脏腑收缩,血液的运行失其常度,妨碍身体的发育。至于零星杂食,尤不可随便乱吃,这也是做父母的必须忠实地遵守执行的。

• 引自《和做父母的谈几句话》1929年,载《陈鹤琴全集》第二卷,江苏教育出版社,2008年8月,第644页。

4. 儿童应养成的卫生习惯:(1)小孩子不肯穿衣服的时候,我们最好用诱导的方法去叫他穿。(2)小孩子应当天天刷牙齿。(3)小孩子洗面刷牙,应当在一定的地方做,不应当在任何地方洗刷。(4)小孩子洗面的手巾,应当独自一条。(5)小孩子洗面需注意到耳鼻和眼睛。(6)小孩子未穿衣洗面刷牙以前,不宜吃东西。(7)小孩子吃东西以前需洗手、吃后需揩手。(8)小孩子吃饭的时候,应当有适当的盘匙。(9)小孩子吃饭时,应当要有适当的椅桌。(10)小孩子吃饭的时候,需要有围巾。(11)小孩子小食的分量不宜太多,而且要有定时。(12)应当叫小孩子独自先吃饭。(13)对于食物不准小孩子自己随便乱拿。(14)做父母的不应当因为小孩子要偷食物,就把食物随便乱藏。(15)做父母的不宜将食物随便乱摊。(16)小孩子吃午饭后,最好安睡一点中觉。(17)小孩子晚上未睡以前,应该有适当的娱乐。(18)小孩子夜里睡眠的时候,应当穿睡衣。(19)小孩子不应当有人抱了睡。(20)不准小孩子点灯而睡。(21)小孩子最好独睡一床,独睡一室。(22)小孩子便溺需有定所。(23)小孩子大便需一日一次,而且要有定时。(24)婴儿不应当终日感受外界的浓厚刺激。(25)小孩子不应当终日抱在手里。

• 引自《家庭教育》1925年,载《陈鹤琴全集》第二卷,江苏教育出版社,2008年8月,第548—570页。

5. 不要引诱小孩子。小孩子对于吃的东西总是很想吃的,做父母的,不应把东西乱放,使他看见了就要讨。假使这个东西,他可以吃的,而且也应该吃的,你最好就给他,不要等他哭了才给他。假使他哭了你才给他,那以后他要东西就哭了。我们常常看见有的小孩子要吃东西就向母亲哭,这种坏的习惯,大概是做父母养成的。

• 引自《儿童心理之研究》1925年,载《陈鹤琴全集》第一卷,江苏教育出版社,2008年8月,第211页。

6. 应使小孩子养成收藏玩物的好习惯。普通家庭对于收藏玩物这一件事大概不注意的,既无特别的地方可以收藏玩物,又乏特别的指导务使小孩子把玩物玩好之后,安放原处。所以小孩子玩的玩物不是被脚踏破就是用手敲破,使得他任意损坏任意暴殄。这是何等可惜呢?收藏物件习惯的好处已如上述,但这种习惯是不容易养成的。没有一个小孩子说是生来有这种收藏动作的。小孩子把东西玩了之后,若没有受过良好教育,一定弃之不顾的。一鸣小时何尝不是这样呢?但是他的母亲和我自己不晓得费了多少心血方才得到今天的成绩。他有时候玩了玩物之后不肯把玩物收藏起来,那我就用种种方法叫他藏好,或用暗示以鼓励他,或是严厉地强迫他,务使他养成爱护物件的习惯。总之,小孩子只喜欢玩东西,而不知玩了之后,应把东西收藏起来,或知道应当收藏而不肯去做。但为小孩子自身前途计,为爱护物力计,做父母的应当设法使他养成这个收藏物件的好习惯才好。

• 引自《家庭教育》1925年,载《陈鹤琴全集》第二卷,江苏教育出版社,2008年8月,第608—609页。

7. 直立的姿势于人的见界、思想、胆量、气度有密切的关系。一个驼背的人,不看见天上的美丽云霞,不望见遥远的山明水秀,只是低着头,望着地,缩短视线,狭小胸襟而已。一个挺着胸直着背的人,能见得远,望得高,他的见解容易来得广阔。

• 引自《儿童的姿势》1943年,载《陈鹤琴全集》第四卷,江苏教育出版社,2008年8月,第106页。

六

从小教起，从小教好

1. 未达学龄的时期，从心理上看来，是养成习惯的基本时期，也是树立人格的基础时期，若于此时不加注意，不加良好的教育，听任自流，等他大起来就不容易感受良好的教育了。

• 引自《未达学龄的儿童之研究》1926年，载《陈鹤琴全集》第一卷，江苏教育出版社，2008年8月，第372页。

2. 养成好习惯难，养成坏习惯易。做父母或教师的要使小孩子养成良好的习惯，在好习惯未成的时候，不准小孩子有例外的动作。

- 引自《家庭教育》1925年,载《陈鹤琴全集》第二卷,江苏教育出版社,2008年8月,第532页。

3. 教小孩子不但要从小教起,而且开始教的时候必须要教得好。一次学错,第二次容易做错,所谓"一误再误",到后来养成"第二个天性",就不容易改变了。

- 引自《切实开展对幼儿教育的科学实验》1979年,载《陈鹤琴全集》第二卷,江苏教育出版社,2008年8月,第505页。

4. 教养儿童实在是桩极难的事情。有许多小孩子教养得不好,这不是小孩子的过失,完全是父母的过失。即使小孩子的先天不足,神经缺陷,这也是父母的过失。但是一般做父母的并不事先研究,及待小孩子一有问题时,就把小孩子做一个试验品,做一个牺牲品。所谓试验品并不是拿科学的方法去试验,例如小孩子生病了,不晓得事先预防;有病的时候,不晓得怎样处理,结果小孩子就给他牺牲了。还有一种父母因为太溺爱小孩子,反而害了小孩子的。如从前有一个母亲恐怕她的小孩子受冷，所以给她的小孩子衣服穿得很多。小孩子本来没有病的，因为衣服穿得太多倒生了伤风病。又有一个母亲希望小孩子吃得多，吃得好，天天给他吃大鱼大肉，结果小孩子肠胃不胜消化工作，生下大病来。像这种违反养育的原理，做父母的并不事先去研究，以至小孩子蒙受莫大的损害，岂不冤枉。

• 引自《怎样做父母》1935年，载《陈鹤琴全集》第二卷，江苏教育出版社，2008年8月，第650页。

5. 怎样养成良好的习惯呢？良好的习惯要从小养成，中国有句古话"慎之于始"，就是这个意思。如婴儿初生的时候，假使大人不放他在床上而抱在怀里睡的话，不消一个星期，就会养成要睡在怀里的习惯。又如小孩子的大便，假使没有养成定时大便的习惯的话，将会影响他的身心健康。要养成这种定时大便的习惯，必定要天天使他这样做，久而久之习惯便养成了。不过，在这种习惯没有养成以前，不能够有例外，即使大人在那时候有了别的事故，也不要忽略这种事情。还有一点尤其需要注意的是教育的环境。我认为，一个好的习惯养成，父母是负有很大的责任，像父母的言行、暗示，对于儿女的习惯形成有极大的影响，因为父母与小孩在一起的时间长久，一举一动都很容易使小孩子模仿的，其他在小孩子周围的人，也要影响到小孩子的习惯。所以，环境的教育对于习惯的养成是有密切关系的。

• 引自《怎样做父母》1947年，载《陈鹤琴全集》第二卷，江苏教育出版社，2008年8月，第682页。

七

父母对儿童不要溺爱、放纵,也不要严厉

1. 举例:心声是一个头生子。他的父母异常地疼爱他,他要这样就这样,他要那样就那样;他要打人,别人只好给他打;他要骂人,别人只好给他骂。一日他看见邻儿有一个小洋号就去抢了来。邻儿哭了跑来告诉他母亲,而他母亲并不说他不好,反埋怨邻儿说:"借我们玩玩有什么要紧,你的气量为何这样小呢?"骂得那个邻儿莫名其妙。又有一日,在深夜的时候,他醒来要月饼吃,但家里没有月饼,他就乱吵乱闹,弄得一家不能安睡。从此日积月累,心声就变成了一个很倔强很刚愎的小孩子。

讨论:小孩子哪里可以随便抢夺别人的东西呢?而

心声的母亲不责罚心声反骂别人。这无非长心声之傲慢而已。又,在深夜的时候,小孩子不应吃东西的,而心声的母亲不去责罚他,而反任其吵闹使人不得安眠,这也无非长其恶性而已。这种"姑息养奸"的教育在家庭里是常看见的,会使孩子养成利己害人的坏思想。

• 引自《家庭教育》1925年,载《陈鹤琴全集》第二卷,江苏教育出版社,2008年8月第542页。

2. 举例:知非家里的规矩是很严的,差不多事事要秉承他父母的意旨的。他要去玩玩水,他母亲说:"衣服要弄湿的。"他要出去同邻家小朋友玩玩,他母亲说:"你要同他们造孽的。"吃饭的时候,他要讲讲话,发表发表意思,他父亲就禁止他说:"小孩子吃饭,不准饶舌。"他要在家游戏游戏,他父亲说:"不要顽皮。"他的父母待他好像待成人一样,所以他慢慢儿以他父母的意志为意志,以他父母的性情为性情。这样一个活泼的小孩子竟变成一个萎靡不振、具体而微的小成人。

讨论:我们旧式家庭往往把小孩子当做"小成人"看待。既叫一个活泼好动的小孩子穿起长衫马褂来以限制他的动作,又叫小孩子一举一动要模仿成人的样子。无怪国中多"少年老成"的小孩子了。总括起来,心声的父母待心声太姑息,知非的父母待知非太严厉,两者都失其平,不得谓之良教育。我们教小孩子当折其衷:一方面予以充分机会以发展自动的能力和健全的意志;一方面限以自由范围使他不得随意乱动,以免侵犯他人的权利。教育若能如此这其衷施去,小孩子未有不受其惠的。

• 引自《家庭教育》1925年,载《陈鹤琴全集》第二卷,江苏教育出版社,2008年8月,第542页。

3. 举例:小香5岁大的时候,最不喜欢刷牙齿的;而且在未刷牙齿以前,常常要吃饼干糖果等东西。他父亲当他在面前的时候,对他母亲说:"静波每天早晨起来是一定要刷牙齿的,未刷牙齿以前,别人即使拿食物给他吃,他总不肯吃的。"他说的时候,脸色上表出很钦佩静波的样子,嘴里还不住地称赞他。小香在旁边听见他父亲称赞静波的话,心里也觉得很羡慕静波,所以到了第二天早晨起来,母亲叫他刷牙齿,他也要刷了,在未刷以前,不要吃东西了。小香的父亲因为小香不注意清洁,心里觉得很不高兴。他看见小香的小朋友正在玩耍的时候,嘴里要吐痰了。这个小孩子不随便吐在地上,他东看看、西望望去寻个痰盂。小香的父亲看见这个小孩子这样情形,就极力称赞他,说怎样注重清洁,不随便吐痰。小香看见他朋友的举动,听见他父亲的称赞,心里也觉得很敬重他。后来,小香也不随地吐痰了。芝英同她母亲在路上散步的时候,看见一个肮脏的小孩子。她母亲等到那个小孩子走过了就对她说:"你见那个小孩子多脏呢!挂了鼻涕,不晓得揩揩。"芝英听了就觉得肮脏是不好的。因此,别人做好的事情或坏的事情的时候,做父母的应当以辞色来表示赞许和不赞许的意思给小孩子听,给小孩子看。

讨论:小孩子生来无知无识的,善恶是非的种种观念要慢慢儿在后天形成的。他怎样会辨别善恶是非呢?其道很多,但平日做父母的对于善恶是非显出一种态度,而小孩子听了看了无形中受着影响的,也是一个方法。所以,做父母的看见别人做好的事情或坏的事情的时候,应当以辞色来表示他们的赞许与不赞许的意思,给他们的小孩子听听看看。

- 引自《家庭教育》1925年,载《陈鹤琴全集》第二卷,江苏教育出版社,2008年8月,第540—541页。

4. 举例:有许多小孩子要东西的时候,常常以哭来表示的。做父母的因为他哭,所以就去拿来给他。从此以后,他要东西,嘴里不说要,竟以哭来要挟了。又有许多小孩子因为"所求不遂"就以哭泣来要挟他的父母。一个小孩子看见他母亲盛了一碗鸡蛋去请客,他要求他母亲给他。他母亲给他一个,他不肯,一定要完全给他。他母亲不答应,他就在客人面前大哭起来了。后来客人不好意思只好不吃。小孩子这种脾气是由他父母平时纵容而成的。倘使小孩子平时以哭来要挟的时候,他父母就去拒绝他,那他今日恐怕也不会有这种样子了。我们一鸣有时候也是以哭来要挟的。有一天,我同他玩秋千。后来我们要吃饭了,我就对她说:"要吃饭了,饭吃了以后再玩。"他一定不肯,始则求我,求之不得,继之以哭,哭得不够就躺在秋千架上撒野了。又有一天,在吃饭以前,他要吃糖,他祖母去拿了一颗来给他,我不答应,不许他吃,他就躺在地上大哭。我们也不去睬他,他要哭就让他去哭,他要撒蛮就让他去撒蛮。后来他无法可施,只得不哭了。因此,小孩子以哭来要挟的时候,做父母的应当绝对地拒绝他。

讨论:小孩子对于环境的动作,常常有许多变化的。做父母的切不可一一去允许他。可以允许的,就允许他;如不可以的,那就应当毅然拒绝他。如果不论可否一听见小孩子哭,就立刻去应许他,那他以后就要以哭为惯技了。做父母的未尝不恨小孩子以哭来要挟的行为,因为哭声刺耳,实在难过,所以不得已去屈从他的要求。其实小孩子哭哭是不要紧的。他"一哭不遂",以后就不会再哭了。以哭来要挟是小孩子的惯技,非但不雅观,而且是不好的习惯,所以做父母的应当毅然拒绝他。

· 引自《家庭教育》1925年,载《陈鹤琴全集》第二卷,江苏教育出版社,2008年8月,第594—595页。

第六章
儿童社会性发展与早期道德

一

儿童的社会性发展

1. 我们已经知道,在儿童的初期,他们情绪的表现,大都是由自身生理上的要求所激起的。他们的惧怕、愤怒与情爱的情绪之激起,一般说来,只能与周围的环境发生简单的关系。但是,由于儿童心理生活的逐日增进,生活的范围也慢慢地扩大起来。到了幼儿时期,儿童与环境之间的关系,表现得空前繁复。这时候,儿童情绪的激起,由之于社会环境的刺激者,也与日俱增。儿童情绪表现的这一转变,就是儿童情绪从自我的到他人的,从机械的到繁复的,从个人的到社会的这一转变,与儿童日后的生活,具有极大的关系。尤其是社会性的发展,对儿童情绪生活的转变,关系更大。

• 引自《儿童心理学》1925年,载《陈鹤琴全集》第一卷,江苏教育出版社,2008年8月,第476页。

2. 儿童是好群的,甚至年岁很幼的儿童,也不愿意独自孤处。有时候,他看见母亲离开他,便要哭了,母亲在他旁边,就显出安静与舒适的样子。因此,儿童对于人与人关系的感觉的发生,可以说是很早的。不过真正社会生活的发展,应当是在3岁前后。以前,他是独自游戏,或者看别人游戏。现在他开始对其他儿童的活动发生了兴趣,他回答了他们的问题,并向他们问许多问题。接着便参加了其他儿童团体,共同来进行游戏。对于成人,以前,他总是采取依赖与期待的态度,他要成人给他穿衣,他要成人给他饭吃,甚至他要成人给他东西玩;而现在,他一切都开始借自己的力量来做自己所要做的事情,他开始自己穿衣、自己吃饭,他要什么东西玩,他就自己去取,对于成人的帮助或干涉每取强烈的反抗。但他自己,却非常高兴帮助其他儿童,尤其是帮助年龄较幼的儿童。

• 引自《儿童心理学》1952年,载《陈鹤琴全集》第

一卷,江苏教育出版社,2008年8月,第471页。

3. 其实,所谓儿童的社会性,尚不仅是指儿童与儿童,或儿童与成人的个别关系而言。儿童的社会性,其真实的意义,应当在于社会的组织性的活动的建立。假使仅就儿童对周围人的个别关系而言,那么,远在儿童出生后的数月之内,这种关系的感觉就会发展了……即使年龄很幼的儿童,对人的关系的感觉亦已存在。虽然那时候他们的反应是简单的,或者是微笑,或者是目光的移动,或者是手足的舞动,甚至在六个月以前的儿童,只能对成人发生反应,而对儿童则没什么反应,但谁能否认,儿童对人的关系不是出现得很早呢?所以我们认为,儿童对人的关系的感觉是很早就出现了的。但是儿童社会性活动的发展,他加入了团体建立了有组织的社会生活,实开始于这个幼儿时期。假使前期的儿童是喜欢独自游戏的话,那么,现在他们对于社会合作是感觉到浓厚的兴趣了。

• 引自《儿童心理学》1952年,载《陈鹤琴全集》第一卷,江苏教育出版社,2008年8月,第475—476页。

4. 儿童社会性的发展，并不是完全一致的，它表现着充分的个别差异。不仅各个儿童具有不同的社会态度，就是每一不同的时期，儿童的社会态度也都在不断地变化。人们以为儿童的社会态度具有各种不同的类型。有的认为常态的儿童，社会态度表现为下面三种型式：(1) 社会盲目型(the socially blind)；(2) 社会依赖型(the socially dependent)；(3) 社会独立型(the socially independent)。有人以为儿童社会性的状态表现于两种型式，一种是护卫型(protective type)，其特点是自大、专横、领袖才能，惟在社会上常属失败者；二是诚挚型(devotional type)，他们常是和蔼可亲的，虽然不一定长于社交，但总成为一群伴侣的中心，可是他根本不是一个领袖，仅是一种吸引力的中心。这种种分类，自然并非绝对的，每个儿童由于环境和教育的不同，都具有自己特殊的社会态度。

• 引自《儿童心理学》1952 年，载《陈鹤琴全集》第一卷，江苏教育出版社，2008 年 8 月，第 476 页。

5. 儿童既然是好动少静，他的动作是否合乎社会的情形和个人的需要,这是一个很重大的问题。他这样动、那样动是否妨害别人的自由。比方家庭中有病人,他当然不应当叫嚣喧哗;看见可吃的东西,他当然不应随便取食;在路上行走,他当然不应自由乱走乱跑;在公共地方,他当然不应随地涕唾;看见街上别人的东西,他当然不应随便取食……现在我们的教育问题,就是要培养儿童适应周围环境的能力,懂得哪些是应该做的,哪些是不应该做的。

• 引自《儿童心理之研究》1925 年,载《陈鹤琴全集》第一卷,江苏教育出版社,2008 年 8 月,第 213 页。

6. 儿童求助与助人的行为,说明即使在生长的初期,儿童的互助态度也已开始发展。这种发展,或者就是儿童心理发展过程中的一个必然倾向。因为儿童自从离开母体之后,他首先所接触到的,便是一个"人"的社会。他开始与母体接触,与父体接触,与自己的兄弟姐妹们接触,与邻居及同学乃至于整个人群相接触。每一个接触的机会,都给儿童以适宜的刺激,而促使儿童的不断发展。从求助到助人的经验之中,一种生活必须依存于社会的意识,才逐渐地建立起来、丰富起来,构成一股互助的巨流。

- 引自《世界儿童互助运动》1947年,载《陈鹤琴全集》第四卷,江苏教育出版社,2008年8月,第334页。

7. 守秩序。社会是公众集团,个人在这集团中活动决不可图一己的性情,譬如人家谈话,不要去掺杂其间;人家工作不要去吵闹;人家休息的时间,不要高声谈笑。凡此种种,都要从小教训,养成这种习惯,长大了,才能确守社会秩序,做个健全优良的国民。

- 引自《儿童教育的根本问题》1934年,载《陈鹤琴全集》第二卷,江苏教育出版社,2008年8月,第647页。

二

儿童早期道德训练——学会待人接物

1. 道德训练方法:(1)父母要以身作则。小孩子往往以父母的言行为标准,所以要小孩子不谎骗,先要自己不谎骗。否则,小孩子就很难诚实。(2)不要任意摧残儿童的动作,施行种种消极性的束缚。小孩子生来是好动的、好奇的,以游戏为生活的,父母不应当事事禁止他,使他不得已而发生谎骗的行为。比如你禁止他,他又做了,你以后再问他,他只有谎骗你了。(3)利用故事以暗示儿童的动作。古来圣贤教人,常常利用故事,在故事之中,可以寄托种种的好行为,赏善罚恶等事,使听众无形中受一种好行为的暗示。(4)利用暗示。(5)实地教导。

• 引自《儿童心理之研究》1925年,载《陈鹤琴全集》第一卷,江苏教育出版社,2008年8月,第338—339页。

2. 小孩子怎样学待人接物的:(1)教小孩子要从小教起的。(2)做父母的应当教训小孩子顾虑别人的安宁。(3)家里有人生病的时候,非有特别的关系,做父母的应当使小孩子得着与病人表同情的机会。(4)应使小孩子养成收藏玩物的好习惯。(5)我们应当教小孩子对待长者有礼貌。(6)不准小孩子对待保姆有傲慢的态度。(7)做父母的需禁止小孩子作伪。(8)不准小孩子打人。(9)小孩子在家里应当帮助他的父母做点事体。(10)做父母的应当教训小孩子爱人。

• 引自《家庭教育》1925年,载《陈鹤琴全集》第二卷,江苏教育出版社,2008年8月,第604—614页。

3. 可爱的小孩子是怎样的呢？我认为要:(1)仪表好,包括外貌与风度;(2)常有笑容;(3)动作很自然,就是不做作;(4)说话有礼貌;(5)谦让与照顾;(6)天真烂漫;(7)健康,就是生理的健康与心理的健康。

• 引自《怎样做父母》1948年,载《陈鹤琴全集》第二卷,江苏教育出版社,2008年8月,第683页。

4. 我们应当教小孩子对待长者有礼貌。举例(一)要小孩子对长者有礼貌,做父母的自己对待长者需先要有礼貌。如你自己待父母好,那么小孩子对待你也会好的。古语所谓"己正而后能正人",就是这个意思。举例(二)应当叫小孩子尊敬长者。一鸣两岁三个月时候,有一天坐在小凳子上,他祖母在他旁边站着。我就立刻对他说:"拿把椅子来给祖母坐。"他立刻就去拿了一把椅子给他祖母坐。这里固然给他练习动作,而且也是教他尊敬长辈的意思。举例(三)小孩子最爱面子的。如果做父母的当着他长辈的面前,逼他对于长者有礼貌,那他因为失脱面子,就不高兴去做了。他即使怕父母不得已去做,心里也不高兴的。所以做父母的最好在小孩子耳朵旁边,轻轻地叫他致礼,那他因为可以得到敬重长辈的称誉,就很高兴去致礼的。举例(四)如果小孩子因为怕羞不肯去做,那么做父母的应当用方法暗示他。如自己对着友人或长辈施行种种礼貌,或称赞长辈的孩子,这样一来,他以后慢慢就不会怕羞了。

• 引自《家庭教育》1925 年,载《陈鹤琴全集》第二卷,江苏教育出版社,2008 年 8 月,第 609 页。

5. 好比说,我们要儿童待人接物有礼貌、有条理,那么自己在儿童面前,也应当有礼貌、有条理。不但对别人要这样,就是对儿童最好也能如此。我们教儿童,对人应当客气,要人家拿东西给你时要说"请"或"谢谢"。儿童是否会学会这种习惯呢,就要看父母、教师本身是否能做到这一点,自己要儿童拿什么东西时,是不是用一个"请"字或"谢谢"等语气。如果你自己一时命令儿童做这样做那样,而想要儿童不以命令来对待别人,那是绝不可能的。当然,说一声"请"或"谢谢"还不算是怎样了不起的大事情,但可见父母、教师是否以身作则,对于儿童优良习惯的养成关系是很大的。

• 引自《儿童心理学》1952 年,载《陈鹤琴全集》第一卷,江苏教育出版社,2008 年 8 月,第 490 页。

6. 有的父母,待人没礼貌,小孩子当然待人也没礼貌了。我们要小孩子怎样待我们,我们应当怎样待小孩子。最古怪的就是我们成人的偏见,小孩子替我们做事,好像是应当的,我们从来不谢谢他。我们做父母的送东西给小孩子,我们一定要小孩子说"谢谢!"你要小孩子说谢谢,你最好对小孩子也有礼貌。

• 引自《怎样做父母》1947年,载《陈鹤琴全集》第二卷,江苏教育出版社,2008年8月,第673页。

7. 比方说,我们要养成儿童好的礼貌,如"谢谢"和"请求"的表示。假使有一个朋友给我的小孩一块糕,我应当先对那个朋友说"谢谢",我的小孩就会说"谢谢",倘若第一次不成,第二次再做,后来我的小孩一定会养成说"谢谢"的好习惯。

• 引自《儿童心理之研究》1925年,载《陈鹤琴全集》第一卷,江苏教育出版社,2008年8月,第148页。

8. 昨天晚上,我的三女儿(14岁)去睡的时候,就对我说:"爸爸,明天会!"但是今天早晨,我的小女儿(6岁)

见了我不说"爸爸,早!"我就对她说:"小妹妹,早!"她听了也就说:"爸爸,早!"假使我不说:"小妹妹,早!"我责备她说:"小妹妹,你为什么不说早?"假使她聪明一点的话,她会反问一句:"爸爸,你为什么不说早?"那我也没有话可说了。你要小孩子怎样做,你自己先要怎样做;你要小孩子怎样待人,你先得自己怎样待人。小孩子是你的镜子,你的一举一动,都在小孩子的镜子里可以反映出来的。

• 引自《怎样做父母》1947年,载《陈鹤琴全集》第二卷,江苏教育出版社,2008年8月,第673页。

三

怎样使儿女尊敬自己的父母

1. 我们有的旧家庭的父母,以为做父母的必定要使得子女畏敬自己;要子女畏我敬我,就必定要很严厉地对待子女;要很严厉地对待子女,就不应当以礼貌来待他们了。所以"父严子孝,法乎天地"这两句话,在旧家庭里差不多成为天经地义万古不能更改的信条。其实他们的观念是不对的。做父母的要使得子女畏敬,并不是以严厉而能够得到的,需要在行为上举动上处处能够使做子女的佩服你、尊敬你,那么做子女的就不约而同地会畏敬你了。倘使做父母的行为乖张,举止轻狂,在在足以引起做子女的轻视之心,那么即使你天天打他们,骂他们,他们也不会畏敬你的……倘使做子女的能够恭恭敬敬地待父母,而父母也答以相当的礼貌,那么家庭间就生出许多乐趣,不特做子女的觉得快乐,就是做父母的也要觉得快乐了。但是有许多顽固的父母对待子女好像对待奴隶,而反自诩为"家规重",岂不是自寻烦恼吗?

· 引自《家庭教育》1925年,载《陈鹤琴全集》第二卷,江苏教育出版社,2008年8月,第598—599页。

2. 古语云:"乘人之车者,载人之患;衣人之衣者,怀人之忧;食人之食者,死人之事。"(出自《史记·淮阴侯列传》)是可知受人之赐,不可不答以相当之报。虽则做小孩子的年龄幼稚,能力薄弱,不能载父之患,怀父之忧,死父之事,但是也不可不予父母相当的酬报。酬报之道没有别的,不过使做父母的快活罢了。我们有许多家庭则不然,做父亲的回来的时候,不是女儿啼哭,就是妻子谩骂;不是鸡粪满地,就是尘埃盈桌;什物纵横,书籍狼藉,可以不消说的了。做妻子的,当男人回来的时候,大概没有好好儿迎接他的,大不了说了一声"某某的爹爹!你回来了?"有时候不高兴,还要板起了脸,睬也不去睬他。做男人的在外面费尽许多心思或气力拿汗血换钱财来供给他们,而他们待他竟是这种样子,岂真正应该如此吗?做男人的看到这种情形,固然难堪,我想做妻子或儿女的,想来"报施之道",也要"问心不安"了。

· 引自《家庭教育》1925年,载《陈鹤琴全集》第二卷,江苏教育出版社,2008年8月,第614—615页。

3. 做母亲的抚育子女是很辛苦的。生育可以不必说了,至于烧呀,煮呀,洗呀,一天到晚也没有一点空。要小孩子帮助母亲洗、烧是能力上不大容易做到的,至于使母亲快乐,实在是他们能力上做得到的。使母亲快乐的日子,不必一定是生日;使母亲快乐的方法,不必一定是拜寿;不过生日祝寿也是之一罢了。

· 引自《家庭教育》1925年,载《陈鹤琴全集》第二卷,江苏教育出版社,2008年8月,第615页。

4. 夫妻间以嬉戏为乐固无不可,但叫小孩子打骂他的父母以为乐,则断断不可……做父亲的叫他打骂他的母亲,他就大着胆打骂他的父母。始则玩玩,继则真敢打骂父母了。我常看见七八岁大的小孩子还常常骂他的父母,打他的父母;倘使父母打他或骂他,他就立刻报以恶声,父母的教训不行,而家庭就发生许多困难问题。虽其故不一,然他小的时候做父母的叫他打骂以取乐,也是一个缘故。我们绍兴地方有句俗话说:"三岁打娘,娘发笑;廿岁打娘,娘上吊。"做父母的哪可教小孩子打骂父母呢?

• 引自《家庭教育》1925 年,载《陈鹤琴全集》第二卷,江苏教育出版社,2008 年 8 月,第 600 页。

5. 时常有无知的父母任他们小孩子打骂,甚至于以小孩打骂取乐。我们知道,有时候做母亲的,特地怂恿他的小孩子,叫他打他的父亲,他的父亲也觉得快乐;或者做父亲的,叫小孩子骂他的母亲开玩笑;或者有时小孩子当初真打骂父母,做父母的以为他年小,并不抑制,任其打骂,到后来势必至于不可收拾。要紧者,当初发生骂人打人的行为,做父母的急宜禁止。尤要紧者,父母绝不可叫子女以打骂自己取乐。

• 引自《儿童心理之研究》1925年,载《陈鹤琴全集》第一卷,江苏教育出版社。2008年8月,第219页。

6. 一般做父母的在家里好像是皇帝,无论发生了什么问题的时候,父母总是对的,错的总是小孩子。其实错的,大概是父母,小孩子可说没有不对的。我们看一桩事,不能单看一事的表面,我们应该考察事的究竟。有一个小孩子,一天放学回家和同学们经过一所桃园。桃树上结满着又红又大的桃子,有的同学爬上墙围偷摘桃子,那时园丁看见了,就拼命出来追赶。某小孩自以为没有进去偷吃,无逃避之必要,所以不逃,园丁反而把他一把捉住,送到他家里。他的父亲不问情由,举起拳头,一顿痛打。即使这个小孩子也参加偷桃,做父母的也要问声为什么他的小孩要偷吃桃子,平日有没有买桃子给他吃;倘使没有,那小孩子偷桃子吃情有可原;错处不在小孩子偷桃,而在父母不买桃子给小孩子吃;再进一步说,即使做父母的买了桃子给他吃,而他还要偷桃子,那时候我们究竟应不应当打他,也要考虑考虑。要晓得在家里吃的桃子,绝对没有新从树上摘下的桃子来得好吃,尤其在树上自己摘下的桃子格外好吃。所以在这种情形之下,我们或者带了孩子们到那个桃园里,向园丁购买使小孩子自己采摘。这是我们从儿童本身着想,从体贴儿童的心理着想。

• 引自《怎样做父母》1935 年,载《陈鹤琴全集》第二卷,江苏教育出版社,2008 年 8 月,第 651 页。

四

父母在教育子女时态度要一致

1. 做父母的教训子女,不能使子女有所适从,这就算不得教育了……需知在小孩子面前,做父母的意见不合,不仅是小孩子无所适从,而且会引起他轻视父母之心。所以对于教育小孩子,做父母的不应当在小孩子面前取不统一的态度。

• 引自《家庭教育》1925年,载《陈鹤琴全集》第二卷,江苏教育出版社,2008年8月,第598页。

2. **切不可欺骗小孩子**。举例:我常看见有许多做母亲的,又事情到亲戚家里去或到街上去买东西,因为恐怕小孩子要同去,临行的时候,就对小孩子说:"你在家里不要吵,我去买饼来给你吃。"她出门以后,过了许多许多时候,还没有回来,小孩子等得着急就大哭起来了。等到傍晚做母亲的回来,小孩子就向她讨饼吃。她骗他说:"啊呦!我忘记了!下次出去的时候再替你买吧。"小孩子没有法子只好不响。后来她出去仍旧以这种方法去骗小孩子。如是一而再,再而三,小孩子就知道他母亲骗他了。

讨论:做母亲的有事情出去可以带他同去就带他去,如果不便带他去,就应该好好劝他在家里,不应当来骗他。既然答许他买饼,那么回来的时候,应当买饼来给他吃。何以用这种卑劣的手段使他失望呢?要知道这样做法,偶然一次小孩子方面或者还可以瞒得过去,如果常常如此,那么一定要露出"马脚骨"来。倘使被小孩子看穿,那小孩子以后就不肯听你的话了。即使你不去骗他,好好儿去教训他,他也一定以为你骗他了。有许多小孩子不肯听父母的话,常常同父母相闹,虽其原因不一,我想对于这层也不无关系的。

• 引自《家庭教育》1925 年,载《陈鹤琴全集》第二卷,江苏教育出版社,2008 年 8 月,第 600—601 页。

3. 做母亲的不应当背着丈夫去宠爱她的小孩子。

举例:有一天早晨,一个7岁的学童看见天下雨了,不愿意上学去,就对他母亲说:"妈妈,我今天不去,就在家里温温罢了。"不料这话被他父亲听见了,他父亲就走过来对他说:"下雨没有什么要紧,去好!"说后,就出去办事去了。小孩子看见他父亲出去,立刻再对他母亲说:"妈妈,我不去。"他母亲对他说:"你不去,我是可以的,不过你要当心你爸爸回来。"小孩子这天就不去,在家里鬼鬼祟祟地玩了一天。到了晚间,他父亲回来了,就问起他这天的功课,他就模模糊糊地瞎说一番;他母亲也低着头做活计一声不响。

讨论:天下雨,小孩子不到学堂里,也未尝不可以的,不过他父亲既然叫他去,那他应当要去的。他母亲不应当说"你不去,我是可以的,不过你要当心你爸爸回来"这种话,尤不应当一声不响任她的小孩子在她丈夫面前说谎话。做母亲的以这种方法教育她的子女,简直是堕落她的子女。

• 引自《家庭教育》1925年,载《陈鹤琴全集》第二卷,江苏教育出版社,2008年8月,第602页。

4. 举例:知行年纪小的时候,他母亲常常对他说:"你不要把地板弄得这样脏,爸爸是不喜欢的,爸爸要骂的。"知行到了六七岁大的时候,他母亲还是说"爸爸不喜欢的,爸爸要骂的"这类话,使得知行心目中存了一种逢迎之心,一种惧怕之念。

讨论:小孩子年幼的时候,我们或者可以用个人的感情来支配他的动作,不过我们不应以个人的威严来恫吓他,使他对于我们发生一种无谓的惧怕。若小孩子年纪大一点了,我们就不应该以个人的感情去感化他的心肠,去支配他的行动。若我们尽管用这种教法,那小孩子长大的时候,他的行动仍旧是要以我们做父母的个人之好恶为皈依的,倘若我们死了,那他就要失掉凭籍而无所适从了。

· 引自《家庭教育》1925年,载《陈鹤琴全集》第二卷,江苏教育出版社,2008年8月,第541页。

五

怎样使儿童学会"爱人""利他"

1. 人之爱人需要天天做的,不要我今天爱人,明天就不爱了。尤需在小的时候学习,小的时候有爱人的行为,那到了成人的时候,自然而然也能够爱人了。一个人最不好的脾气就是"利己心"太重,无论做什么事,往往以自我为中心。凡有利于我者,没有不高兴去干的;无利于我者,都不愿意去做。那么,到了后来,"上下交争利,而国危矣。"无知识的人固然可以不必说了,就是有知识的人,就是曾经受过"高等教育"的人,一旦得志,卖国祸民,丧权辱国,种种事情,亦或有之。推其原因之一,大概由于他们小的时候,没有受过爱人教育的关系。所以我们要救国保民必定要从小教训小孩子爱人着手。

小孩子今日能爱人,他年就能够爱国了。

• 引自《家庭教育》1925年,载《陈鹤琴全集》第二卷,江苏教育出版社,2008年8月,第615页。

2. 自私是人类的通病,不过现在的中国人,自私的心理,似乎特别厉害些,无论对什么事情,只知有"我",不知有人,这一个"我"字,横亘在头脑里,一切罪恶,就从此发生。与人共事,则争权夺利,互相倾轧;经理账款,则营私舞弊,侵吞自肥;推而至于国家的扰乱,世界的不安,无非是这一个"我"字从中作祟。所以我们教育儿童,第一先要教他们牺牲我见,扫除自私自利的心理,对于食物不要争多嫌少;对于一切玩具,不要强夺霸占。遇到这种事情,务需善事晓喻,教儿童推己及人,引起他们设身处地的思想,养成大公无私的习惯。

• 引自《儿童教育的根本问题》1934年,载《陈鹤琴全集》第二卷,江苏教育出版社,2008年8月,第646页。

3. **做父母的应当教训小孩子顾虑别人的安宁。今日之孩童即他年之成人。今日之孩童不能顾虑他人的**

安宁,则他年之成人即将侵犯他人的幸福。现在我们中国,自武人政客,以至行贩小卒,无论做什么事,多数人只知利己,罔顾别人。推其原因,虽非一端,然他们当孩提之时,他们的父母不教以利己利人之道,亦一大原因。

• 引自《家庭教育》1925年,载《陈鹤琴全集》第二卷,江苏教育出版社,2008年8月,第607页。

4. 小孩子的脑筋很简单,我们起先不应用抽象的事体去教他的。比方说我们要教他"顾恤他人"这一个美德,我们不应单单对他说:"做人不要专为自己,应当体贴别人,顾恤别人,假使别人生病的时候,你应当轻轻地出入,不要乱吵使得病人烦躁不安。"这种抽象的教法小孩子是不会懂的。我们应该当家中有人生病的时候,实地施教的。那时候,我们做父母的一方面自己要示范给他看,一方面要他实行体恤病人的意思。比方,他的小妹妹生病了,做父母的自己先讲话声必低,走路步必轻,然后教他也要低声轻步。这样一来,他就了解体恤的意思了。

• 引自《家庭教育》1925年,载《陈鹤琴全集》第二

卷,江苏教育出版社,2008年8月,第531页。

5. 不准小孩子对待保姆有傲慢的态度。举例:一鸣有一天因为他的保姆不听他的话,就骂她"讨厌东西"。这种脾气是由做父母的不好好儿教训的缘故,并不是先天生来就是这样的。做父母的应当教训小孩子对待保姆有相当的礼貌。做父母的叫保姆去做一桩事,应当好好儿对她说,如果保姆事情做得不好,也只要说她几句罢了,切不可骂她。这样一来,小孩子也会好好儿待保姆的。

讨论:我们应当尊重保姆的劳动,尊重保姆的人格。做父母的应当自己善视保姆,作小孩子的榜样,使小孩子也善视保姆。做父母的尤不应当使小孩子从小受人侍奉。凡小孩子能做的事,叫他自己去做,保姆不过代做小孩子所不能做的事罢了。倘使件件事情都替小孩子去做,那么小孩子非但不能发达他的肌肉,而且他的虚骄之气也从此滋长了。有许多王孙公子、富贵子弟,身体孱弱,骄气逼人,虽其原因不一,但与这一点也未尝没有关系。所以做父母的要使得小孩子免掉这种弊病,就不应该使他们从小受人侍奉。

• 引自《家庭教育》1925年,载《陈鹤琴全集》第二卷,江苏教育出版社,2008年8月,第610页。

6. **不准小孩子打人**。做父母的以为小孩子年纪小,做成人的应当让他的。不知道小孩子自以为年纪小,更加要强横起来了。强横之气既成,则放僻邪侈无所不为。小则受人之辱,大则伤己之身,其害之大,真"不堪设想",等到那个时候,做父母的悔亦迟了。倘使小的时候,做父母的就不许他打人;倘使他打人,做父母的就去责罚,那小孩子以后就不敢打人,不会闯祸了。但是有许多做父母的,因为爱他们小孩子的缘故,听他去骂人、打人,所以到了后来,他就要打人了。有时候,非但去打别人,而且要打他自己的父母。

• 引自《家庭教育》1925年,载《陈鹤琴全集》第二卷,江苏教育出版社,2008年8月,第612页。

7. **教导儿童,要实地去做才好**。如现在教他爱国爱民等事,他不能领会,无益于事,最好在发生事实的时候教导他，他才能了解。如孩子的朋友病了，你就叫他去送花、问候，这样他们的友谊就更加密切。这就是实地教他。否则你凭空教他友谊，他是不懂的。

· 引自《儿童心理之研究》1925年，载《陈鹤琴全集》第一卷，江苏教育出版社，2008年8月，第339页。

8. 要小孩子每天做件好事。普通一般人家的父母，对于他们的小孩子非常溺爱。家中一切事情，即使子女们能够做的，做父母的也不肯让他们自己去做。在有钱人家里，小孩子可说是养尊处优，在家里很少有帮助人的机会；做父母的只知道怎样地使他的小孩子吃得好、穿得好、长得好，只顾到儿童本身的享受，而没有顾到培养儿童的人格。要培养儿童的人格，我们一定要他去帮助人，使人得着快乐。这一点，一般做父母的都没有想到，只知使小孩子快乐而不知如何教小孩子使别人快乐。如看见贫苦的人家，做父母的应当时时鼓励儿童去帮助他们、怜惜他们。有时家庭里做父母的自己要人帮助的时候，也不教儿童来帮助自己，反而自己吃苦。这种"吃苦"精神固然是很好，可以发展自己的人格，不过太不顾到他们的子女了,所谓"爱之适足以害之"。所以,凡是小孩子可以做的事,不妨教他们自己做;凡是小孩子可以帮助别人的事,不妨教他去帮助人。不要太溺爱儿童,不要使儿童安逸,而要使儿童如何得到真正的快乐。

• 引自《怎样做父母》1935年,载《陈鹤琴全集》第二卷,江苏教育出版社,2008年8月,第652页。

六

怎样从小培养儿童的责任感

1. 小孩子每天应当替父母做一点事体,使他知道他也是家中的一个重要分子,并且也能够替父母帮忙,这是于两方面都有好处的。不过做父母的叫小孩子所做的事情,不要太易,不要太难罢了。倘使所做的事太易,那么小孩子一则不高兴去做,二则无进取心,三则以为父母小看他,叫他做这样容易的事体,恐怕就要不大高兴。反之,做父母的叫他做太难的事情,那么小孩子一则畏难不敢去做,二则以为父母虐待他,叫他做这样艰难的事情,以后就要怨恨父母了。所以做父母的叫小孩子做事,不宜太易,也不宜太难,当在他能力所能做的事,而叫他去做。

· 引自《家庭教育》1925年,载《陈鹤琴全集》第二卷,江苏教育出版社,2008年8月,第633页。

2. 平时做父母的总喜欢自己劳动而不愿小孩子去帮助他们。如小孩子的起居饮食种种的事情,做父母的常常要为小孩子们代劳。当小孩子年龄小能力薄弱的时候,当然要父母帮忙。不过在小孩子渐渐儿长大的时候,做父母的应当渐渐儿使小孩子自动,从旁帮他们独立。譬如穿衣服这件事来说,小孩子若不会扣纽子,做父母的尽可以帮他扣;但是他自己能够穿袜子,你就让他自己穿,我们不要因为他穿得慢、穿得不好,就去帮他穿。其他如吃饭、扫地、叠被,甚至浇花、洗衣、烧饭种种活动,在可能范围内,我们应当让小孩子有劳动的机会来发展他做事的能力。要知道,做父母的主要工作,是培养儿童自己劳动的习惯,培养儿童自己独立的能力。

· 引自《为儿童造良好的环境》1933年,载《陈鹤琴全集》第二卷,江苏教育出版社,2008年8月,第639页。

3. 富贵人家的子弟,日惟三餐,夜惟一梦,终日不做一事,做父母的也不叫他们去做,即使叫他们做也是拣极容易的事。因此他们嬉戏好闲,毫无进取的精神;而且肌肉不会发达,身体不会强健。贫寒子弟,往往受父母的指使,无片刻的休息,而且所做的事大概非他们能力所能及的。如五六岁的儿童,做父母的就叫他们上山采柴,下河汲水,他们一则逼于父命,二则逼于饥寒,不敢不去做,也不得不去做;但是他们因为用了过分的力气,往往显出瘦弱的现象来。这种小孩子,说起来,实在可怜得很,做父母的要他们身体强健,断不能叫他们去做太难的事情。至于富贵子弟,也实在可怜得很,做父母的要他们肌肉发达、知识增进,而且要使他们有进取的精神,则断不能叫他们一点事不做,或做极容易的事。不过叫小孩子所做事情的难易,需以他们身体的强弱为转移的。身体强,那么所做的事也应当较难一点;身体弱,所做的事应当较易一些。总之在小孩子能力以内,不要太易也不要太难就是了。

- 引自《家庭教育》1925年,载《陈鹤琴全集》第二卷,江苏教育出版社,2008年8月,第633页。

4. 家庭中间，遇到儿童能够做的事情，做父母的，就应当教儿童自己去做。不要一些小事，也专责仆人，自己摆出少爷的架子来。学校里应当有公众服务的组织，不过第一要教儿童认清一点，就是"纠察员"或"市长""局长"等名称，服务人员的记号，决不是一种虚荣幌子。有这种名称就有服务公众的责任，是公众的仆役，要尽力地帮助人家，才称尽责，"非以役人乃役于人"是很好的格言。

- 引自《儿童教育的根本问题》1934年，载《陈鹤琴全集》第二卷，江苏教育出版社，2008年8月，第646页。

5. **教小孩子服从。**小孩子必须有服从的习惯，这习惯应由父母慢慢地训练起来。比如父母教小孩先洗手后吃东西，小孩就该去洗手。父母教小孩在夜里9点钟去睡觉，小孩子就得按时去睡觉。父母教小孩子这样，小孩子就得这样；父母教小孩子不要那样干，小孩子就非停止不可。小孩子有了服从的习惯，才可以适应社会的生活。服从的意思，是保护小孩子增进自动的能力，做有益的活动。

- 引自《怎样教小孩》1937年,载《陈鹤琴全集》第二卷,江苏教育出版社,2008年8月,第660页。

6. 让儿童自己有活动的园地。 许多的父母教师或者是因为过分疼爱小孩子的关系,不让儿童有适当的游戏场所或者适当的伴侣,他们总喜欢把儿童关在房间中,让他一个人自己孤处。这种办法,在年幼的儿童,当他没有社会活动的必要的时期内,可说是合适的处置,但现在儿童已开始找寻游伴,而且,在许多活动方面,都开始扩展其范围,如果你还是把他关在冷静狭隘的房间中,不但无益,反而会限制儿童正常的发展。

- 引自《儿童心理学》1952年,载《陈鹤琴全集》第一卷,江苏教育出版社,2008年8月,第489页。

七

怎样培养儿童勇敢精神

1. 有一天,一个两岁大的小孩子,独自在路上行走,一个不留神,被石头一绊,扑的跌了一跤。他仰起头来,前后左右看着,没有看见人来,就爬起来了。过了几天,他在路上又跌了一跤,看见他妈妈跑来了,就张开嘴巴大哭起来。他妈妈连忙把他抱起来说:"宝宝不要哭,宝宝不要哭。"他一听见妈妈叫他不要哭,反而哭得更响了。年轻的母亲,这种哭是假哭,这个小孩会作娇了,你千万不要理他。他要哭,让他哭。你倒想想看,第一次他跌了一跤,他没有看见人,就独自爬起来。第二次他跌了一跤,他看见你了,就大哭起来了;这明明是假哭,明明是作娇,你不要上他的当。你要叫他赶快爬起来,他若不肯爬,你可对他说:"宝宝是个小兵丁,自己爬起来!"他听了就会爬的。若是他还不肯爬,你可对他说:"忽而叫,忽而笑,两只黄狗来抬轿。一抬抬到城隍庙,扑通跌一跤,城隍菩萨看见哈哈笑。"小孩子听见没有不大笑起来的。假使这个小孩子哭得很顽固,仍旧不肯爬起来,你尽管走开去,不要理他。我想他看见你走了,一定会哭得更厉害。在这个时候,你千万不要回来。你若不回来,他看见没有法,只得爬起来了。

• 引自《怎样做父母》1947年,载《陈鹤琴全集》第二卷,江苏教育出版社,2008年8月,第665页。

2. 这里我且对真正的勇敢与似是而非的勇敢作一个解说:(1)以大克小的不是勇敢,以小克大的才是勇敢;(2)以强克弱的不是勇敢,以弱克强的才是勇敢;(3)以众暴寡的不是勇敢,以寡抗众的才是勇敢;(4)避难就易的不是勇敢,临难不苟免的才是勇敢;(5)不知成败不知利害的不是勇敢,知成败知利害的才是勇敢。这五点不能截然地分开去看,它应该是有联系的。

• 引自《怎样做父母》1948年,载《陈鹤琴全集》第二卷,江苏教育出版社,2008年8月,第686页。

3. 我们不需要似是而非的勇敢,而是要真正的勇敢。真正的勇敢是要自小养成的,因此我要谈谈怎样培养小孩子的勇敢精神呢?我以为:第一,身体要健康。做父母的和做教师的首先要培养小孩子健康的身体,有了健康的身体,遇事才易于勇敢。我们看,那些身体弱的人,往往遇事推诿,不敢放手做,自然更难于希望他勇敢了。第二,心理要健康。做父母和做教师的必须使小孩子有常态的健康心理,消除那些不必要的恐惧心理或胆怯,发挥他的勇气。第三,要有合理的教导方法。合理的教导方法是什么呢?(1)讲故事。小孩子最喜欢听故事,做父母的和做教师的可以讲那些勇敢的故事给他们听。(2)看话剧。很多话剧都穿插着勇敢的行为,你可以带小孩子去看,使他们得到正面的暗示。(3)电化教育。电影、卡通里面也有很多是勇敢行为的场面,里面的动作,都可借作小孩子激发勇敢精神的暗示。此外各种播讲,也有直接关系到勇敢的讲话,可以叫小孩子细听。(4)讲述勇敢的意义和必要。做父母的和做教师的要分析勇敢的含义给小孩子听,使他们了解真正的勇敢是什么,为什么要有勇敢的精神。

• 引自《怎样做父母》1948年,载《陈鹤琴全集》第二卷,江苏教育出版社,2008年8月,第687页。

4. **激发小孩子最后五分钟的勇气。**一件事情的成败,决定在最后五分钟。中国有句古话说"行百里者半九十",也就是说明最后五分钟是成败的关键。如何克服这种困难来战胜敌人,那是一个最重要的问题。比如会赛跑的人,开始时一定跑得较慢,但到最后便得鼓足勇气向前直冲,因为成败是决定于最后的一刹那。法国有一个造窑的人,当初他花了很多钱,但是一次二次三次都失败了,到最后钱都没有了,他就把桌子、椅子拿来烧。他的太太起初是很愿意帮助他,后来看到他屡次失败,他还要继续地做,她以为他简直发疯了。可是就在最后一次,他竟然成功。哥伦布航行于大海洋中,中途不知道遭遇了多少的困难,他的同伴也都劝他不如回头算了,然而他坚持着,乃至最后发现了新大陆。你看,最后的时刻是多么的重要啊!

• 引自《怎样做父母》1948年,载《陈鹤琴全集》第二卷,江苏教育出版社,2008年8月,第687页。

5. 大家都晓得,要能克服困难,才能成功。困难越大,其成功也愈可贵。怎样克服最后的困难呢？就必须激发最后五分钟的勇气。这种勇气,要从小时候培养起。(1)要培养小孩子健康的身体。健康的身体是一个基本条件,要是身体不好,意志虽然坚强,却没有支持到最后五分钟的可能。如程咬金只有三斧头的力量,那是不能取得最后胜利的。我们必须使孩子们能够吃苦,冷热都能抵抗；冰天雪地里可以去,暴热酷暑中也可以去。临到紧要关头,才有余勇可鼓。(2)锻炼小孩子坚强的意志。有了健康的身体,再与坚强的意志配合起来,才能克服种种困难,才能激发最后五分钟的勇气……我们必定要有这种坚强的意志、百折不挠的精神,才能克服困难。我个人有四个字作为我的座右铭："决不灰心!"每当我有困难的时候,我就想起这四个字,以鼓起勇气,继续去努力。我们也要使小孩子养成自信心,不要怕难而停止,不要畏敌而后退。虽然每件事不能依照直线式的做法,但不妨转弯抹角地做,直到成功为止。(3)培养小孩子的科学态度。实际上,科学态度就是一个人能够成功的保证……我们不难想象,科学的态度的建立,简直就是激发小孩子最后五分钟勇气的基础。(4)教导小孩子正确的方法。我常常这样想,一个最能成功的人,就是最善于运用方法的人。善于运用方法的人,因为他把握得住正确的方法,对于成功先就有百倍的信心,因而他们就能顺利地解决困难,遇事便坚持到底,并在最后五分钟发挥最大的勇气,这自然不会是偶然的。所谓正确的方法,就是客观的、变化的、因时空条件的不同而善于转变的方法。

• 引自《怎样做父母》1948年,载《陈鹤琴全集》第二卷,江苏教育出版社,2008年8月,第688—689页。

八

父母应了解儿童说谎的原因

1. 说谎决不是偶然说说的,必定是养成了一种说谎的习惯,而这种说谎的习惯大多数又是自小养成了的。因此,要使小孩子不说谎,必要先了解小孩子说谎的原因。小孩子为什么要说谎呢?我以为:(1)小孩子怕父母或教师的打骂。有些做父母的与做教师的,每逢小孩子做错了一样事,便要骂小孩子或打小孩子。小孩子怕骂怕打,便用说谎来掩饰自己的过错。这种掩饰往往得到父母或教师的宽恕,于是第二次第三次做错事时,便再用说谎来求得宽恕了。(2)逃避现实,有时小孩子为了不愿做或不能做某样事,便叫头痛呀!肚子痛呀!用各种口实去欺骗父母或教师,而这种口实又往往得到父母或教师的同情,因此以后便也常常找寻口实去推诿了。(3)好虚名,要面子。一件事本来不是他做好的,但如果说是他做的,可以得到奖赏,面子光彩,于是他说谎了。一件事本来是他做的,但做得不好,怕丢脸,于是他说那件事不是他做的,也说谎了。(4)贪利。很多小孩子因为口馋,要吃东西,便说肚子饿。又有些小孩子为了要得到很高的分数或奖品,便在考试时作弊,还硬说自己的本领高人一等。这都为了贪利的缘故才说谎的。

• 引自《怎样做父母》1948年,载《陈鹤琴全集》第二卷,江苏教育出版社,2008年8月,第690页。

2. 儿童谎骗的缘由不外以下几种:(1)儿童不能辨别事实与幻想。幼年小孩子的脑筋,常充满许多幻想,忽而装狗,忽而装猫,忽而装虎,忽而装猴。有时小孩子发生想象的伴侣,有时小孩子辨不出梦幻与醒境,因此就发生了许多想象的谎言。(2)儿童因言语不准确,所说的话,我们成人看起来近乎谎言之类。(3)惧怕的缘故:惧怕责罚,惧怕讥笑,惧怕别人不赞成他的意思,惧怕别人剥夺他所喜欢的东西,惧怕别人晓得他所隐藏的事情。小孩子因为上面各种惧怕的缘故,所说的谎很多。(4)因为要人称赞和同情而说谎。小孩子时常自己说他家里有什么东西,或他能做这样做那样,以博取他人的称赞。(5)为达到他的目的而说谎。

• 引自《儿童心理之研究》1925年,载《陈鹤琴全集》第一卷,江苏教育出版社,2008年8月,第337—338页。

3. **小孩子作伪是由父母养成的。举例(一)**:一日下午知行的母亲正在楼上与他讲故事的时候,听见楼下有人叩门,就轻轻地对他说:"知行,你下去看看,若叩门的是某某夫人,你即对她说妈妈不在家;若她问妈妈几时回来?你就说不晓得。"知行受了教下楼去,照样回答客人,而客人也不坐去了。**举例(二)**又有一日,知行的母亲在客厅里接待客人,接待得非常殷勤:请客人上座,请客人用茶,并极力恭维客人这样短、那样长,说得天花乱坠。客人辞别时,又再三挽留。一等客人出门后,就在知行面前举了臂,白了眼,仰了头,张了口,长叹一声:"讨厌呀!讨厌呀!"

讨论：从第一个例子看来，知行的母亲分明是教他作伪。从第二个例子看来，知行的母亲分明暗示他作伪。知行受这种教育、这种暗示，当然也要作伪了。常有做母亲的，既教她的小孩子作伪，还要说她的小孩子乖巧可爱，这真是何等痛心！所以要小孩子诚实，做父母的自己先要诚实，自己不诚实，小孩子断断不会诚实的。

- 引自《家庭教育》1925年，载《陈鹤琴全集》1925年，江苏教育出版社，2008年8月，第602页。

4. 有一天，王母刚要出去的时候，把一筐子很好吃的樱桃放在桌上，用手摇着，对她的9岁的小孩子说："你不许偷吃，你吃了我就要打你！"她的小孩子本来不注意这一筐子樱桃的，被他母亲这样一说就看见了。见一筐很美丽可口的樱桃，他自己想："这样好的樱桃，我一定要尝尝看。"等他母亲出去了，他就吃了一些，并且把筐子里的樱桃装得很好，使筐子里面空的地方看不出来。后来他母亲回来了，看出破绽，问他说："我告诉你不要偷，你还是要偷，现在我一定要打你。"小孩子急忙说:"我没有吃！我没有吃！筐子倾倒了,我把它放好的。"他母亲说:"何以少了许多呢？一定是你吃的！你走过来！"就把他打了一顿。打过之后,对他说:"你把樱桃一齐吃了我也不可惜,但你说谎,我顶恨的！"上面这段故事,证明王母不但是暗示她的小孩子偷吃,而且促使她的小孩子说谎,一方面证明小孩子怕受责罚而说谎。假使王母出去的时候,把樱桃藏起,不使小孩子知道,就没有偷吃和说谎这回事。或者王母给小孩子吃一点,恐怕也不会偷吃。回来不先恐吓他,而用很和蔼的口气、亲热的态度问他,恐怕也不至于说谎。所以孩子有时说谎和欺骗是父母激成的。

· 引自《儿童心理之研究》1925年,载《陈鹤琴全集》第一卷,江苏教育出版社,2008年8月,第337页。

5. 有一个十一二岁的孩子,一次偷了家里几个钱,到外边买东西吃。后来他父母知道了,问是不是他偷的,他始终不承认。他哥哥和姐姐问他,他也不承认。后来他的二哥私下用亲爱的样子问他,他就承认了。这里有几点,我们应当晓得的:(1)小孩子不愿意在大众面前承认他的错误。(2)我们应当用温柔的态度去问小孩子,使他不至于因为怕羞耻而谎骗。上面那个例子证明小孩子是怕丢脸的。

· 引自《儿童心理之研究》1925年,载《陈鹤琴全集》第一卷,江苏教育出版社,2008年8月,第338页。

6. 他父亲不给他再多吃糖,但是他的祖母因为爱惜他的缘故,所以等他父亲走开以后,拿了一块给他并且叫他"不要做声"。这是家庭中常见的事情,小孩子要吃东西,父亲不给他吃,别人拿了给他吃。有时父亲不准小孩子多用钱,母亲私下给他。这种事情与小孩子前途很有影响,一方面教小孩子违悖父母之命,一方面是间接教小孩子作伪。

· 引自《儿童心理之研究》1925年,载《陈鹤琴全集》第一卷,江苏教育出版社,2008年8月,第90页。

7. 有一次,有一个母亲要到外边去,对小孩说,妈妈到外边去去就来,买糖给你吃,你好好在家不要哭,不要吵。过了半天,这位母亲才回来,但没有带糖,小孩子向她讨糖,她说:"忘记了,下次买给你吃。"后来孩子邀他邻居的小孩子来同他玩,就喊着邻居小孩子说:"你到这里来玩,我这里有糖。"他母亲听见了就责问他说:"你没有糖怎么说有糖呢?你要叫他来就叫他来,何必要骗他。"小孩子回答说:"这个不要紧,他来了就说我吃下了!"这个小孩子所以说谎,就是受他母亲的影响。他母亲不要孩子说谎是很好的,但是她自己却说了谎,怎能要她孩子不说谎呢?像这样的母亲还算好的。还有一些做母亲的,以为小孩子能谎骗是聪明,并且很得意地赞扬他。所以最紧要的,做父母的自己先要诚实,然后才可以培养子女诚实。

・引自《儿童心理之研究》1925年,载《陈鹤琴全集》第一卷,江苏教育出版社,2008年8月,第338—339页。

九

父母如何教儿童诚实

1. 说谎欺骗是人类通病,不独小孩子才有。但是诚实是一种极美的道德,谎骗是一种卑鄙的行为。我们应当竭力设法铲除谎骗,培养诚实。这就要求我们必须从儿童时代做起。

• 引自《儿童心理之研究》1925年,载《陈鹤琴全集》第一卷,江苏教育出版社,2008年8月,第336页。

2. 说谎是什么意思呢?说谎是作弊与欺骗在言语方面的表现。这种欺骗与作弊是最要不得的。大而言之,直接的或间接的有害于国家民族,拿那些贪官污吏来说吧,就是一种惯于说谎的典型人物;小而言之,亦足以使个人人格破产。第一，是损失自尊心。一个人是不能没有自尊心的，人而至于失却自尊心，不看重自己，则自暴自弃，什么事都能做得出来。第二，是损失信用。得不到别人的同情与帮助。从前不是有过一个"牧羊儿与狼"的故事吗！当牧羊儿第一次说谎，在山岗上大喊"狼来了"的时候，别人听了，连忙跑来替他赶狼，可是他却怡然自得，以为愚弄了别人一次；哪里知道这样一次说谎，竟播下了失信的种子；当真的狼来了，他惊慌失措地大喊"狼来了"的时候，人家以为他又在撒谎，不来救他了；而他竟至被狼咬死。林肯说："你能欺骗少数的人，你不能欺骗大多数的人；你能欺骗人于一时，你不能欺骗人于永恒。"这是多么中肯的话啊！

• 引自《怎样做父母》1948年，载《陈鹤琴全集》第二卷，江苏教育出版社，2008年8月，第689页。

3. **做父母的需禁止小孩子作伪。**大多数小孩子是常常要作伪的，而且作伪的方法、作伪的样子是随地、随时、随事而变迁的，所以做父母的也应当用种种思考、种种方法去考察他、禁止他。倘使小孩子受父母的禁止，一次不能售其伪,以后就不敢作伪了。世人"尔虞我诈"的行为,日多一日,虽其原因不一,我想当他小的时候,做父母的任他们去作伪,去作恶,也不无关系的。他们以为既可以欺父母,就不妨欺别人;既可以作伪于家庭,就不妨作伪于社会,久而久之,就成今日之现象了。要改革这种现象是一个重大的问题,非三五语就可以解决的。但是我想,做父母的如果能够禁止小孩子作伪,使他们将来成为诚实的青年,则于国于家将来都不无裨补的。

• 引自《家庭教育》1925年,载《陈鹤琴全集》第二卷,江苏教育出版社,2008年8月,第611页。

4. 小孩子说谎的原因知道了,那么怎样纠正他,而培养他诚实的习惯呢?(1)要了解小孩子。小孩子愿做什么、能做什么、希望得到什么,你一定要了解。了解了小孩子的心理与能力,然后教他去做;在做的过程中,你要帮助他去发现问题,克服困难,使事情做成功而得到奖励;要消除他说谎的动机,鼓励他脚踏实地地去做。(2)暗示。暗示有两种,一种是正的暗示,譬如有两个小孩子在一起,一个是诚实的,另一个是喜欢说谎的。你要对那个诚实的小孩子嘉许,奖励他,使那个说谎的小孩子感动,走上诚实之道。其次一种是反的暗示。譬如你的小孩子跑来报告你一件事时,你要信任他,不要说"真的吗,你不要骗我呀!"如果你这样说,在小孩子的心灵上,就种下一个说谎的种子,以为说谎原可以骗的。我们必须应用正的暗示去感动小孩子,不要用反的暗示去刺激小孩子说谎的动机。(3)榜样。做父母的或做教师的要以身作则,去做诚实的事,不要在小孩子的面前说谎。我们知道小孩子的模仿性最大,耳濡目染,都会效法的。有时你还可以讲诚实小孩子的故事给他听。这三点,我们做父母的或做教师的应该随时随地注意,务必使小孩子不说谎,建立起诚实的习惯。

• 引自《怎样做父母》1948年,载《陈鹤琴全集》第二卷,江苏教育出版社,2008年8月,第690—691页。

5. 我的两岁半的孩子,走路时鞋里偶然有了几颗沙泥,叫母亲帮他脱了鞋子把沙泥倒出,后来他回家就不要穿鞋子,说里面有沙泥。母亲是在不知道的情况下替他脱的,以后他要脱鞋就说鞋里有沙泥。这种谎骗,也是很自然发生的,小孩子以为这样就能达到目的,但不知道谎骗是很坏的。假使做父母的,因为他说谎不允许他,孩子知道说谎无用,就可以不说谎了。

· 引自《儿童心理之研究》1925年,载《陈鹤琴全集》第一卷,江苏教育出版社,2008年8月,第338页。

6. 小孩子生来是好动、好奇的,以游戏为生活的,父母不应当事事禁止他,使他不得已而发生谎骗的行为。比如你禁止他,他又做了,你以后再问他,他只有谎骗你了。

· 引自《儿童心理之研究》1925年,载《陈鹤琴全集》第一卷,江苏教育出版社,2008年8月,第339页。

第七章
发展儿童的认知、思维与学习力

一

儿童早期学习原理与过程

1. 感觉是儿童心理活动的基础,是人类认识的最初阶段。外界事物的种种刺激影响着外部的感觉器官,如眼、耳、鼻等,引起了神经的兴奋,这种兴奋沿着神经纤维进入脑中,形成了相应的神经兴奋中心,从而产生感觉过程,如看到颜色或闻到气味等。在这种种感觉的基础上,儿童的经验积累起来了,他的知觉也就丰富起来。儿童到了6个月,通过听觉、运动觉、肤觉、嗅觉等等分析器,特别是视觉分析器,就能分别感知、认识各种物体的颜色、形状大小以及各种动作。通过儿童实际生活经验,儿童大脑皮质的各种暂时联系就形成起来,儿童与周围世界的关系愈复杂,他的分析器的活动也就愈完善,感受性与差异感受性也愈为发达。

· 引自《从一个儿童的图画发展过程看儿童心理之发展》1956年,载《陈鹤琴全集》第一卷,江苏教育出版社,2008年8月,第563—564页。

2. 视官、听官、触官是儿童发展智力之主要利器。儿童所得的知识大概从这三条路进去的,这三种知觉发展虽有迟早,然大体不相上下的。

· 引自《儿童心理之研究》1925年,载《陈鹤琴全集》第一卷,江苏教育出版社,2008年8月,第103页。

3. 小孩子生来有三种基本能力,就是:(1)感觉;(2)联念;(3)动作。这三种能力在初生时虽很薄弱,但到后来渐渐发展起来的,而且这三种能力愈练习愈强大的。

· 引自《家庭教育》1925年,载《陈鹤琴全集》第二卷,江苏教育出版社,2008年8月,第529页。

4. 即使是新生婴儿,学习能力却早已开始。不仅新生婴儿已经开始了学习,而且新生婴儿的教育,每能影响儿童的一生,其身体是否健康,关系更大。不过新生婴儿教育的重点,在于建立儿童健康身体的基础,同时使优良习惯的形成有一个初始的基础。

• 引自《儿童心理学》1952年,载《陈鹤琴全集》第一卷,江苏教育出版社,2008年8月,第423页。

5. 小孩子的知识是依靠他的感觉器官,从实验经历中得来的:通过他的眼睛,他认识了各种事物的形状,了解了事物发展的过程;通过他的听觉,他能明了他人的思想意识,以及自然界的各种声音;通过他的双手,他了解各种物体的性质,也学会了处理日常生活中所发生的事情。

• 引自《谈谈儿童绘画》1951年,载《陈鹤琴全集》第一卷,江苏教育出版社,2008年8月,第555页。

6. 儿童学习原则:(1)小孩子生来有三种基本能力:感觉—联念—动作;(2)学习是反应与刺激的联合;(3)刺激必须要选择得适当;(4)要实地施教;(5)凡能

使小孩子快乐的刺激容易印刻在小孩子的脑筋里;(6)凡刺激发生的时间愈长,次数愈多,那联念也愈牢固;(7)小孩子开始学习的时候,做父母的要格外留心以免错误。(8)不要有例外。(9)小孩子学习事物需要自己学习。

• 引自《家庭教育》1925年,载《陈鹤琴全集》第二卷,江苏教育出版社,2008年8月,第533—534页。

二

好奇心与好问心是儿童学习的开始

1. 柏拉图曾经说过:"好奇心是知识之母。"可惜我们不会利用这种利器。儿童一到学校,就受注入的教育,没有发展好奇心的余地。所以现在我要请掌教职的,当利用儿童的好奇心,引导他至学问的境地,并不仅以新的经历、新的东西引起他的好奇心罢了。

• 引自《儿童心理及教育儿童之方法》1921年,载《陈鹤琴全集》第一卷,江苏教育出版社,2008年8月,第4页。

2. 好奇心对于儿童之发展,具莫大的作用。儿童凡对于一切新的东西就生出好奇心,一好奇就要与新的东西相接近,一接近那就略晓得这个东西的性质了。假使儿童与新的境地相接触愈多,他的知识必愈广,虽然由好奇心所得的知识,一时不发生什么效力,但后来于实用上很关紧要的。比方他以好奇心的缘故,知道木能浮水,蜂能刺人,火能烧,刀能割,这些经历,这些知识,不但于他将来很有用处,就是于他现在生活也是非常重要的。

• 引自《儿童心理之研究》1925年,载《陈鹤琴全集》第一卷,江苏教育出版社,2008年8月,第182页。

3. 怎样可以引起好奇心:(1)能激起儿童的好奇心,就是事物的新异(novelty),比方大声,辉耀的色泽,显著的对比(contrast),皆易惹起儿童的好奇心。(2)事物与事物相接触而发生的新异,亦能引起儿童的好奇心。比方说,儿童放风筝,起初风筝是他的新物,放风筝为他的新事,所以他对于风筝是很好奇的。但是过了一二星期后,放风筝的事体,不能发生他的好奇心了,风筝本身的新意已消失。虽然如此,假使我们对这个儿童说:"某儿童亦有一个好风筝,你愿意去看么?你愿意与他比赛放风筝么?"这个儿童对于放风筝的一件事体,又发生好奇心了。他的好奇心一方面是要看看某儿童的风筝是怎样的,一方面是要看看他的风筝能否比那儿童放得高。从上说来,我们晓得事物有本身的新异,有与其他事物相关系而生的新异。儿童对于这两种新异,皆有好奇心。

• 引自《儿童心理之研究》1925年,载《陈鹤琴全集》第一卷,江苏教育出版社,2008年8月,第182页。

4. 儿童的好问,是由好奇的动力所驱使的。他犹如原始人对一切自然界的及人类界的现象,都觉得好奇,都想去了解。最初,他们可以用幻想来做想象的解释,犹如原始人类,对于自然界种种现象没法解释的时候,便把"神"来做最后的归宿以自圆其说一样。但现在,儿童要向外来求解释,他不以自己想象为满足,他要直接去考察事物的发展,他要借助成人的知识,借助语言的交流,以获得解释。这样强烈的倾向,构成了儿童的好问。这种态度,可以说是一切科学研究的基础。

• 引自《儿童心理学》1952年,载《陈鹤琴全集》第

一卷,江苏教育出版社,2008年8月,第468页。

5. 关于儿童的好问心:(1)从问句可以知道儿童的知识和经验。问句若"这个什么东西?""那个什么东西?"是显出问者知识缺乏;问句若"水是怎样成功的?""吃蟹为什么用醋?""中国字为什么从右边写起呢?"是显然表明问者有些学识和经验。所以做他的教师和父母的,可以晓得他子弟的学识到什么程度了。(2)从问句可以见出儿童的兴趣。教室中有一事,使教师害怕的,就是学生的不注意;做教师的常常想出种种方法来引起儿童的兴趣,但是没有晓得儿童的兴趣在何处也无用的。大凡知识相等、年龄相同的儿童,他们的兴趣相仿佛,平日试一留心他们的问句,就可以晓得他们的兴趣在何处了。譬如甲儿之于物理机械,乙儿之于人我事物,看他们的问句,就可以知道他们的兴趣。(3)好问心乃输入知识之门。儿童生而无知,后来长大起来,逐渐与环境相接触,他的好动能力和模仿能力逐渐滋长,而好问心也渐渐起来;常人对于儿童的好问,恒厌恶之,斥之为饶舌,甚有禁止询问者,做父母者实不应如此;苟能利用此种好问心,则儿童见一新事物就要问,一问就可得到一件新知识,这样日积月累,虽极笨劣的儿童亦决不至菽麦不辨了。有时儿童的问句常有为成人不能置答的,或非受问者之学识所能解决的,如"我的妹妹从哪里来的?""妹妹是什么东西变成的?"但是不可断然答道:"不知。"最好用动植物的遗传道理来解释给他听。若连这点动植物遗传性也不知,那可没法了,不要假作聪明,牵强附会,颠倒儿童的思想。总说起来,好问心这件事,在儿童方面是为启迪知识的关键;从儿童的父母和教师方面,是为施教的钥匙。我们现在要研究的,就是怎样来利用这固有的关键,配合适当的钥匙。

• 引自《儿童心理之研究》1925年,载《陈鹤琴全集》第一卷,江苏教育出版社,2008年8月,第193—194页。

6. 一个贤明的母亲是应当详细地启发儿童利用他的发问而进行教育工作,即使自己不知道,也应老实地告诉他"我不晓得",或者要他去问爸爸或哥哥。我们不但要有问必答,而且,最好的是要常常带儿童出去看看外面的情形,借以激发他的好问心来丰富他的知识与经验。在生活中来教儿童,实是一种最好的教育方法。

• 引自《儿童心理学》1952年,载《陈鹤琴全集》第一卷,江苏教育出版社,2008年8月,第489—490页。

7. 做父母的应当利用儿童的好问心,以作教育儿童的一种良好动机。举例:有一个5岁的小孩子一看见素来没有见过的东西总要去问问他母亲,他的母亲因为没有什么学问,所以常常不能回答他。有一天,这个小孩子看见一个乌龟就去问他母亲说:"那个会爬的是什么东西?"他母亲回答说:"乌龟。"他又问她说:"那个东西有几只脚?"答说:"四只。"又问说:"那个东西为什么有这样硬的壳呢?"他母亲厉声回答说:"尽管会呆问的,乌龟自然有硬壳的,走开去!我没有工夫!"

讨论:这个母亲自己既然不能回答他小孩子的问句,理应很谦虚地回答说:"我不晓得。"或者回答说:"等我去问人再来告诉你。"反而骂他"呆问",叫他"走开去"。她的小孩子这样一来,以后就不大敢问她了。

• 引自《家庭教育》1925年,载《陈鹤琴全集》第二

卷,江苏教育出版社,2008年8月,第634页。

8. **举例**:又有一个母亲,她在学校里曾受过了几年教育,对于教养子女方法也稍知一二。她的小孩子问她,她没有不尽量回答的。若她不能回答,她就去问了别人再来回答她的小孩子。有时她小孩子的问句不应在人面前回答的,她就以婉言告诉她小孩子说:"等一下我告诉你。"歇了一歇,她就详尽地对她小孩子说个明白。她的小孩子因此得了许多知识。

讨论:这种有问必答的教育方法固然比谢绝问难的来得好,然也有很大的危险在其中。若小孩子一问我,我就直接答他,使他不必再去探讨再去思考。到了后来,反使他事事要来问了。就是他应当自己先去探索的,不去探索而反即来问人,这样反使他养成了一种依赖人的坏习惯。

- 引自《家庭教育》1925年,载《陈鹤琴全集》第二卷,江苏教育出版社,2008年8月,第635页。

9. **举例**:有一日,有一个五岁的儿童同他父亲到郊外去散步,远远地看见一个儿童正在那里放风筝,就问他父亲说:"那个小孩子在那边做什么?"他父亲回答说:"你要去看看吗?"就一同与他过去看。到了那里,他父亲对他说:"嘎!那个在空中的多么好看!你看那个小孩子手里捻了什么东西,要走近去看一看吗?"他就离开他的父亲走到那个小孩子的旁边,看见那个小孩子捻了一根粗的线,就回来告诉他父亲说:"线。"他父亲又问他说:"你要同那个小孩子那样做吗?"他说:"要的。"他父亲就领他到街上去买了纸竹等材料,回到家中做了一个风筝给他,第二天也同他到郊外去放风筝。

讨论:你看这种利用儿童好问心的方法比前一种"有问必答"的教法来得好。这个父亲不直接回答他小孩子而反引到那放风筝的地方去看放风筝,并慢慢地激起他小孩子的兴趣去买纸竹做风筝等事,使他得到了许多快乐和许多有用的经验。这种利用问难的方法虽费时耗神,对于小孩子确有莫大的益处。

- 引自《家庭教育》1925年,载《陈鹤琴全集》第二卷,江苏教育出版社,2008年8月,第635页。

三

丰富儿童生活经验,开启儿童智力

1. 教育目的中有一条是丰富儿童的经验。一个无知识的人,如何经过几年的教育能够使他成为有知识,这是教育上的大问题。虽然我们还没有完全解决这个问题,但是我们已经得着一句最简括的话:"经验是知识之门。"初学步的儿童,不知玩物距离他的远近,他总是伸手去抓,抓了几次空,方才知道是抓不着的。孩子初见到火,又红又亮,以为是很好玩的,用手去拿,不料手皮灼痛了,以后他就知道这红而又亮的火是烫的。我们说了几次冰是冷的,雪碰到火要融化的,也很难使儿童明了,非到他玩了冰雪才知道。诸如此类的例子很多很多,幼稚园的作业(包括一切活动)就应该本着丰富儿童的经验去做。寻常走圆圈的活动是否有什么意义?还是带儿童到外面去跑去玩好呢?这都是不言而喻的。不过我们实行这条原则的时候,要留心一事,儿童吸取经验是不分美恶的,有时候还是恶的方面容易吸收。分别美恶,使儿童多有美的经验,少有恶的经验,这是教育者的责任了。

- 引自《幼稚教育》1926年,载《陈鹤琴全集》第二卷,江苏教育出版社,2008年8月,第20页。

2. 环境既然复杂,学的时期当然要长,如果要全靠先天的遗传,而不加以后天的学习,必不能适应这样复杂的环境。动物的环境很简单,学的时期也就很短;至于下等动物的环境格外简单,它适应环境的能力,可以全靠先天的遗传,因而它的儿童期就格外短了。这样看来环境愈复杂,儿童期愈长,学习的机会愈多;学习的机会愈多,天赋的智力发展愈快,然后才可以适应复杂的环境。所以人的儿童期实在是预备适应环境的重要时期。

- 引自《儿童心理之研究》1925年,载《陈鹤琴全集》第一卷,江苏教育出版社,2008年8月第53页。

3. 怎样使儿童有经验呢？有两种方法：(1) 直接的。一切经验都是儿童亲身力行得来的。例如蚕丝,要儿童明了其来源与蚕吐丝的整个过程,最好亲自来养蚕。这一条,就是自动的原则。教育者无论如何不能代替儿童做事,也无论如何不能完全用抽象的概念来施教。(2) 间接的。不能直接得到的经验,如虎、狼等,在小地方看不到,又怎样呢？这类经验在人生生活里也占重要地位,考源它们的来由,大都由间接来的,例如教虎、狼等,不能用实物,就用很逼真的图画来代替。不过这样教法,在幼稚园里应当减少到最小限度。

• 引自《幼稚教育》1926年,载《陈鹤琴全集》第二卷,江苏教育出版社,2008年8月,第21页。

4. 儿童在生活经验中从第一信号系统所感受的无数信号,通过语言达到了抽象化和概括化的地步,因此儿童的思想也就有条件发展了。他的观察力、辨别力、组织力也就逐渐地发展起来。

- 引自《从一个儿童的图画发展过程看儿童心理之发展》1956年,载《陈鹤琴全集》第一卷,江苏教育出版社,2008年8月,第564页。

5. 动作究竟是什么意思呢?对于他有什么好处呢?动作就是经验、就是知识。他不用手去玩冰,怎样知道冰的冷呢?他不用眼睛去看美丽的蝴蝶,怎样知道蝴蝶的美丽呢?他不用耳朵去听音乐,怎样会知道音乐的优雅呢?好动是经验的原动力,是知识的发动机,我们要让小孩子去运用双手,睁开眼睛,张开耳朵,与大自然、大社会发生接触,获得具体的经验。

- 引自《怎样做父母》1947年,载《陈鹤琴全集》第二卷,江苏教育出版社,2008年8月,第674页。

6. 智力和知识很有分别的。旧教育是注重于知识的注入,弄得儿童成了装物件的器皿,把知识一件一件地装进去。新教育就是要在知识以外加上智力的开发。从范围说起来,智力和知识是有交叉的两个圆,但是智力的圆比知识的圆要大得多了。同时也可以说,知识是以成人为主体的,智力是以儿童为主体的,智力上的能力是活的,积累许多知识是死的。

- 引自《幼稚教育》1926年,载《陈鹤琴全集》第二卷,江苏教育出版社,2008年8月,第17页。

7. 幼稚生应具备的智力上的能力:(1) **有研究的态度**。儿童的好发问,几乎可以说是天性,而成人往往不愿意向他们说明,同他们去研究,有时还要用强烈的手段去禁止儿童发问,致使儿童好发问的态度被消泯无迹,这是何等可叹的事情。幼稚生因为种种能力的限制,所以谈不上像大学问家那样地研究,但是日常事务的穷究,也着实够了。例如,日常的食品、油盐酱醋的成因、花草虫鱼鸟兽的考察,都是很容易办得到的,教师也应该教他们的。不过这里有一个最困难之点,就是教师要知识丰富,幼稚教师确是不容易做到。(2) **有充分的知识**。我们对于幼稚生虽然要使他们感觉敏锐,同时也应该使他们有丰富的知识,使他们经验丰富。幼小儿童是富于想象的,但是想象得根据是经验,没有经验就不会有想象的。只要使幼稚生有机会接触自然界和社会,并好好指导他们,就可以使他们有丰富的知识。各种经验都是直接得来的,所以还要使他们有获得经验之工具和技能。例如,看图画、识字等,也应该培养这方面的技能。(3)**表意的能力**。前两项都是受纳的一方面,这是表现个人之所感。成人对于心有所感必从许多途径表现出来。能文者,作为诗歌;能绘画者,绘成图画,其他如工艺、音乐、雕刻、言语等无一不为表现个人感想之工具。幼稚生因生理上之限制,当然达不到这种地步,但是简单的语言,叙述简单的故事,画简单的图画,做简单的手工,还是可以做得到的。这类发表的能力,都是可以逐渐训练成功的。

• 引自《幼稚教育》1926年,载《陈鹤琴全集》第二卷,江苏教育出版社,2008年8月,第17—18页。

四

儿童的思维特点

1. 儿童的思维发展是从具体到抽象的。儿童在发展初期,形象思维多于概念思维,因此形象式的直观教学法对于发展儿童的思维是有很大帮助的。

- 引自《夸美纽斯的教育理论》1955年,载《陈鹤琴全集》第五卷,江苏教育出版社,2008年8月,第275页。

2. 渐进性教学原则。为了使儿童容易接受知识,夸美纽斯建议应由简单到复杂,由具体到抽象,由事实到结论,由易到难,由近及远。他又劝告说,实例应先于规则。

- 引自《夸美纽斯的教育理论》1955年,载《陈鹤琴全集》第五卷,江苏教育出版社,2008年8月,第276页。

3. 语言是第二信号系统,是人们高级神经活动的表现之一,从语言可以看出儿童的生活经验,也可以看出他的知觉概念和思维的发展。图画中表现的语言虽是只能表现概念思维的一部分,但是从这部分里,我们也可以了解到儿童心理发展的情况。

• 引自《从一个儿童的图画发展过程看儿童心理之发展》1956年,载《陈鹤琴全集》第一卷,江苏教育出版社,2008年8月,第582页。

4. 让儿童使用自己的手脑,儿童有自己的思想,儿童有自己的力量。不让儿童自己去做他所能做的事情,不让儿童去想他所能想的事情,等于阻止了儿童的心身的发展。所以,让儿童使用自己的手脑,确是一件要紧的事情,但一般父母、教师,往往忽视了这回事。

• 引自《儿童心理学》1952年,载《陈鹤琴全集》第一卷,江苏教育出版社,2008年8月,第488页。

五

发展儿童的思想力

1. 思想是最高的智力作用,也是支配万物、创造文化最紧要的利器。不过人的思想不是生来就有的,也不是成人所能独占的,乃是生后渐渐地发展的。(1)儿童生后茫然无知无识,论到思想,不过渐渐地能注意人物和视察环境耳。他与环境相触日多一日,因此慢慢地他的经验丰富起来了。对于他的环境,如形状、颜色、声音、物质等等,到了1岁的时候,他稍微有些熟识了。此时他就有许多单独的观念(single ideas)以及少数联属的观念。(2)后来他的记忆力渐渐发展了,他就能把各种单独的观念或联属的观念积记脑中。(3)言语一学到,儿童就能以言语表达他的意思了,从前他只能用符号式的言语(sign language)来表白他的简单意思,现在他能言能语,思想力自然大有进步了。(4)知解力(comprehension ability),后来儿童能比较人物了。比方他自己与桌子比较长短,他看父母的照片与父母的人格之不同。他的好问心亦渐起来了。所谓"概念"亦显雏形了。(5)到了3岁的时候,他的想象能把单独的经验变成有系统的。比方儿童不明白草上的露珠,不过明白人的眼泪,而且他自己对于流泪也有过经验,现在他看见露珠而不知道为什么草上生露珠,他就想这露珠就是草的眼泪。这种联想虽不如论理的思想来得重要、确切,但对于儿童,这是不可缺少的东西。(6)儿童的经验日见充足,知识逐渐丰富,他的思想力也因之日渐发展。

• 引自《儿童心理之研究》1925年,载《陈鹤琴全集》第一卷,江苏教育出版社,2008年8月,第328页。

2. 儿童的思想常为环境所抑制的。我们知道思想是智力最高的作用,养成这种作用很为迟缓。儿童思想能力当然很薄弱的,不过我们做成人的,常常讥诮他,以为他所思想的是很不合理性……我们一般家庭的长辈和学校里的教师常常以儿童的不合理性的思想,作为他们的讥诮品。做师长虽或无意害儿童,而儿童的思想就大受影响了。

• 引自《儿童心理之研究》1925 年,江苏教育出版社,载《陈鹤琴全集》第一卷,2008 年 8 月,第 329 页。

3. 我常看见做父母的,对于孩儿的动作饮食起居等,差不多都管得很严。比方今天下雨,做母亲的就拿出雨鞋、雨伞给她的孩儿穿戴。你看这是一桩很平常的事,不过这些溺爱儿女的动作,一方面使儿女养成依赖的惯性,一方面减少他们的思想机会。天下雨是一种新动境,对于这种动境,儿童不得不发生思想的,就是怎样可以走到学校呢?不过做母亲的不待他们的思想之发生而立刻代他们来解决这个问题,适应这个动境,这种溺爱实在是厉害。我再举几个例使得我所要说的充分些、明白些。孩儿吃饭后常把他所用过的饭碗放在桌子的边上,假使他或别人一个不小心,就要把这个碗碰落地下的。但这个儿童因为缺少经验和知识的缘故,把他的饭碗这样安置的。现在我要问你,假使你看见他这样做,你怎样做呢？我曾经看见做父母的,代儿童把饭碗移进,也有叫儿童自己移进那只饭碗的。你想这两种方法对不对？依我看来,第一种是与下雨而给他鞋伞的方法同样的,所以我不多说了。第二种与第一种也是相仿佛的。若你只叫儿童把碗移进一点,儿童照你所说的去做了,这样儿童仍不明白为什么要这样做呢,或者你不仅教他这样做,而且解释所以叫他做的理由。他虽然明白这样做的理由,不过仍旧是你替他想的,他仍旧没有机会可以发展他的思想。那么你应该怎样做呢？你应当叫他注意那只碗,并问他这只碗放在这桌边稳固否？有危险否？你要任他自己想到那不稳固的地步。若他因年幼仍看不出那只碗的危险,你可以假设种种动境使他明了所以危险的理由。

· 引自《儿童心理之研究》1925 年,载《陈鹤琴全集》第一卷,江苏教育出版社,2008 年 8 月,第 329 页。

4. 儿童的思考,显然与成人的不同,这种不同首先是表现在数量方面。儿童思考的数量,没有成人的多,这原因,是由于儿童专力于活动的与感觉的生活,如他要学习行走等,所以没有时间来从事于精密的思考。同时,成人抑制了儿童的思考,与思考激起的动境的缺乏,也都可以视为儿童思考不及成人众多的原因。其次在思考的正确方面,儿童不及成人;在思考的性质方面,也与成人的不同。大概成人的思考多属于经济的与社会的事情,而儿童则多半是属于自然的与游戏的而已。

• 引自《儿童心理学》1952年,载《陈鹤琴全集》第一卷,江苏教育出版社,2008年8月,第471页。

5. 发展儿童思想的教育方法:(1) 儿童自己思想到的,你切不可代他思想。(2) 使儿童得到充分的思想机会。当特意设置种种新动境、新问题,叫儿童来适应、来解决。(3) 使儿童得到丰富的经验,经验是思想之根本。(4) 教儿童善用言语文字以及学习种种美术。言语是思想的利器。(5) 改正儿童谬误的思想。

• 引自《儿童心理之研究》1925年,载《陈鹤琴全集》第一卷,江苏教育出版社,2008年8月,第331页。

6. 小孩子学习事物需自己学习。小孩子生来好动,因为好动,他就能与事物相接触;与事物相接触,那他就知道事物的性质,他的动作能力因此得着发展。若我们代替他做,他总是学不会的。比方在陆地上,我们教他游泳,我们教他这样做,那样做,费了许多心力;但他学了许多游泳方法之后,一到水里还是要沉下去的。所以我们要教他自己游泳而且要他在水里游泳的。

• 引自《家庭教育》1925年,载《陈鹤琴全集》第二卷,江苏教育出版社,2008年8月,第533页。

7. 我们要想儿童的发展不受障碍就应该让儿童自己去做他所能做的事情。至于思想也是一样,凡是儿童自己能够想的,你切不可代他去想,使儿童获得充分的思想机会,并当特意发生种种新的动境、新的问题让儿童来适应、来解决。经验是思想的根本,语言是思想的利器,使儿童能获得丰富的经验,教儿童能喜用语言文字及学习种种美术,都是我们做父母、教师的责任,至于改正儿童谬误的思想,那么更需要有积极的态度。

• 引自《儿童心理学》1952年,载《陈鹤琴全集》第一卷,江苏教育出版社,2008年8月,第489页。

8. 儿童缺少甄别选择的能力：思想要准确，一定要有审慎的选择。譬如发生一个问题，脑筋中就有一个观念发生，不过这个观念未必一定是对的，一定要有很精细的判断才靠得住。如我看见一个小孩子哭，我就想是他母亲打他的，后来走过去看看，他头上有血，我就想他母亲不会打得这样厉害，仔细一看，才晓得是跌的缘故。所以第一个观念是靠不住的。小孩子不能判断，就以第一个为对的。

• 引自《儿童心理之研究》1925年，载《陈鹤琴全集》第一卷，江苏教育出版社，2008年8月，第331页。

六

大自然、大社会都是活教材

1. 我们晓得一个儿童生来无知无识的，试问他怎样能有知有识呢？他生来并不知冰是冷的，火是热的，铁是坚的，水是弱的，那样东西的性质。这样东西的滋味，他怎样能支配工具，怎样能控制万物，他的身体怎样得着运动，他的道德怎样能发展，他的智力怎样能增进，他的群育怎样能养成？这些都是他的好动心的功劳，虽然不能完全归功于这个好动心，但是要使儿童得到健康的发展，那这是很要紧的利器。他摸着铁，就觉得铁的坚性；他吃了冰，就知道冰的冷性；他玩这样弄那样，就渐渐儿从无知无能的地步，到有知有能的地步。这样说来，从前我们教育儿童的方法，实在是大错了。我们应当给他充分的机会、适当的刺激,使他多与万物相接触才好。

• 引自《儿童心理及教育儿童之方法》1921年,载《陈鹤琴全集》第一卷,江苏教育出版社,2008年8月,第2页。

2. 小孩子生来是无知无识,没有什么能力的。后来与环境、社会相接触始渐渐地稍有知识,稍有能力了。他与环境和社会相接触的机会愈多,他的知识愈丰富,他的能力也愈充分。倘使我们不给他玩弄沙土,他断不会知道沙土的性质;倘使我们不让他与猫狗等动物相接触,他哪里会知道猫狗等动物的生活;倘使我们不带他到街上去观察人们的生活,他哪里会晓得民生的艰难;倘使他没有别的小孩子做伴侣,他哪里能够学得做人的道理。

• 引自《现今幼稚教育之弊病》1924年,载《陈鹤琴全集》第二卷,江苏教育出版社,2008年8月,第1页。

3. 有一天,我问一个6岁的小孩子:"你曾看见过松鼠吗?"她说:"看见过的。"我再问她:"有多大?"她举起两手的食指来在空中摆着,两指相距约两寸许,回答说:"这样大。"我说:"你在什么地方看见的?"她说:"在书上。"她就把一本油印的读本拿来给我看,图中那只松鼠画得非驴非马,不像一只松鼠。你看这个小孩子完全得了一种谬误的观念。她看了这种书上的死图,就得了这种谬误观念。要知道图是代表事物的,不能当做事物的。若是要教小孩子知道松鼠这样的动物,我们最好带领他到树林中去看活松鼠,次之把松鼠拿了来给小孩看,务使他得到一种正确观念。总而言之,小孩子的知识是由经验得来的。所接触的环境愈广,所得到的知识当然愈多。所以我们要使小孩子与环境有充分的接触。

· 引自《现今幼稚教育之弊病》1924年,载《陈鹤琴全集》第二卷,江苏教育出版社,2008年8月,第1—2页。

4. 遇到天气晴朗的日子,应该领着孩子到野外去玩。不要让孩子一天到晚在室内玩弄玩具。我们知道室内的空气,远不如野外的新鲜,常在室内活动,是不合健康原则的,并且室内的一切物品,都是静的、呆板的。野外的花、草、树、木、虫、鱼、鸟、兽多么活泼可爱!我们要指导孩子理解自然界的现象,养成他科学研究和试验的精神,就要带领孩子到野外去。每天下午到室外游玩半小时,每星期到野外游玩半天,也可以培养小孩子欣赏自然、爱护自然的兴趣和道德,这比终日在室内玩弄玩具要好得多。

• 引自《儿童玩具与教育》1939年,载《陈鹤琴全集》第二卷,江苏教育出版社2008年8月,第411页。

5. 做教师的不愿多事,且以带领学生到野外游玩为麻烦,所以学生就失去与天然界相接触的一种良好机会。要知学问,不仅仅在书本中求得,也应在天然界获得,什么"动物学",什么"植物学",什么"地理",什么"常识",大概可以从天然界中学得的。我们在书本中看死的标本,死的山水,不如到野外去看活的动物,采活的草木,玩真的沙石。总起来说,小孩子不论年纪大的小的,不论男的女的,大都喜欢野外生活,我们做父母或做教师的,虽不能十分注意到此,多少总需领小孩子到野外去玩玩才好。

　　• 引自《家庭教育》1925年,载《陈鹤琴全集》第二卷,江苏教育出版社,2008年8月,第525页。

　　6. 做教师的人要指导儿童欣赏自然的美,注意劳动人民的劳动歌声和动作,使儿童从大自然中,从劳动社会里体会到自然的雄伟壮丽和劳动人民的伟大,从而对劳动和自然发生浓厚的兴趣。

　　• 引自《怎样做人民的幼稚园教师》1950年,载《陈鹤琴全集》第二卷,江苏教育出版社,2008年8月,第440页。

七

父母怎样指导儿童学习

1. 做父母的应当常常带领小孩子到街上去看看。普通人的常识是非常缺欠的,不辨菽麦,不知斗秤者比比皆是。日常所用所吃的东西,我们大概只知道怎样用的怎样吃的而不知道它怎样做的,怎样变成的,也不知道它出在哪里生在哪里。比方,我们日常吃的豆腐,有许多人从没有看见过它怎样做的;又比方我们做衣的布,有许多人从没有看见过它怎样织成的。我们要晓得,常识缺乏的人大概是不会有什么作为的,而且对于他自己做人也是很吃亏的。所以做父母的应当常常带小孩子到街上去看看,以丰富他的知识,以增进他的经验。

• 引自《家庭教育》1925年,载《陈鹤琴全集》第二

卷,江苏教育出版社,2008年8月,第630页。

2. 举例:有一天,乌云聚集雷电交加的时候,我的妻子抱了一鸣(此时他有84个星期大了)到露台上,用手指着闪电对他说:"你看！你看！"他就看闪电,也用手指着显出很快乐的样子,毫不惧怕。到了他两岁多点的时候,凡一打雷,我就带他出去,站在屋檐之下看看天上庄严的云彩、美丽的闪电,并指着云对他说:"这里像一座山,那里像一只狗,这是狗的尾巴,那是狗的耳朵。"又指着闪电对他说:"这闪电像一条带,多么好看！"因我这样对他说,他也就很快乐地看电看云。

讨论:乌云雷电本是可爱的天然现象,为什么反以为可怕呢？我们做父母的再不要用雷公要打人的迷信以恫吓小孩子,使小孩子不但不能欣赏美丽的景象,而且一见就要惊慌万分不堪自持了。

- 引自《家庭教育》1925年,载《陈鹤琴全集》第二卷,江苏教育出版社,2008年8月,第589页。

3. 小孩子开始学习的时候,做父母的要格外留心以免错误。无论什么事,第一次做得好,第二次就容易做得好;第一次做错,第二次就容易做错。比方小孩子开始用蜡笔画图画的时候,他歪了头,错捻了笔,随便乱画,那以后若没有相当的矫正就要歪了头,错捻了笔画了。若当初他学的时候,你先挺了胸,直了头,画给他看,看后,也叫他挺胸直头地画;下次他画的时候,他未必一定挺胸直头的,也许驼背歪头的。但是挺胸直头的趋向比较驼背歪头的趋向来得强大。所以对于第一次的动作,做父母的要格外留意教导,以免错误。

• 引自《家庭教育》1925 年,载《陈鹤琴全集》第二卷,江苏教育出版社,2008 年 8 月,第 532 页。

4. 在我的记录中,包含着许多英文和拼音。我所以这样做,是由于这样两个缘故:第一,我想从小教他英文,到长大后对于英文便容易学会;其次,小孩子(大人也未尝不如此)说话时,有许多音绝非中国字所能正确表达的。因此,为了要存真起见,便利用了许多拼音。

• 引自《儿童心理之研究》1925 年,载《陈鹤琴全集》第一卷,江苏教育出版社,2008 年 8 月,第 292 页。

八

父母如何教儿童求学——做人、做事、做学问

1. 求学不仅限于读书,而是包括了学做人、学做事、学做学问,但是有一个先决条件,应培养小孩子先立志,因为有了志向,做人、做事、做学问就有目的,也会起劲。不然,让一个小孩子糊里糊涂地去学,那一定学不好的。这是什么原因呢?我以为,志向好像是一股电流,人好像是一部机器,电流一通,机器就会活动;如果没有电流,机器虽好,也是枉然的。我自己就深深地感觉到有了志向就会努力学习。在我年轻的时候(大概15岁到28岁的一个阶段里),每天总是五点钟起床。起早可不是一件很容易的事,尤其是冬天,外面的天气那么冷,被服里那么暖,谁不想多留恋一会儿呀!但是我有志向,

我认为求学必定要成功,才能有贡献。因此虽然冷,我也会一下跳起来的。所以,做父母的与做教师的也一定要鼓励小孩子要立下志向,要小孩子有这个坚决的意志来努力求学。

• 引自《怎样做父母》1948年,载《陈鹤琴全集》第二卷,江苏教育出版社,2008年8月,第691页。

2. 也许有人会说,求学就是求学,还要理由吗?如果是这样的回答,我要厌你太直率了。假使你的回答,说是有理由的,那我要再问一声,你的理由是不是为了"书中自有黄金屋,书中自有颜如玉",希望你的小孩子将来能"学而优则仕"呢?假使你真的存在这样的想法,我要特别提醒你,任凭你的小孩子怎样的发愤忘食,甚至也学着古人的"悬梁刺股",或"凿壁偷光""囊萤映雪"……但这书还是白读的!要是你的回答是为要他们学做人、学做事、学做学问,这里我也要问你:做怎样的人呢?做怎样的事呢?做怎样的学问呢?

• 引自《怎样做父母》1948年,载《陈鹤琴全集》第二卷,江苏教育出版社,2008年8月,第692页。

3. 但是单单有志向而没有方法的话也是没有用处的。我们再看那些一天到晚读死书的,有什么用处呢?我以为方法就好比一把钥匙,假使没有一把钥匙,锁就开不开,像瞎子在暗中摸索一样。我有两句话:"处处有学问,人人皆吾师。"什么叫做"处处有学问"呢?举例来说:譬如生长在江西山野间的茜草(一种开紫色花的小树),当初大家都不知道它的用处,只是把它采作柴烧,后来一经发现,才知道正是英国人与日本人所制造的蜡纸的原料,这不是一种学问吗?又如瓦特,他看到水壶的盖子在水沸的时候向上顶的情形,他就觉得奇怪,于是一想再想,就想出了道理来,发明了蒸汽机,这不又是处处有学问吗?许多事情的发现,都是这样问出来的,都是这样想出来的。假如我们不去问,懒得想,那就无异是有眼的瞎子。所以我很希望为人师的为父母的都应该教小孩子要处处留心,因为这个大自然大社会里,还有更多更宝贵的东西,等着我们去发掘呢!什么叫做"人人皆吾师"呢?我再举个例子来说:抗战时期,我在江西文江办学校,看到那里都是种的糯稻,我很奇怪,就去问一个老农,他就告诉我说,这儿的土地在两寸以下就很冷,所以只适宜于种糯稻。我就拿着个表面很简单而实际却很复杂的问题来看,就包括了许多知识,而这个老农做了我们的老师了。不仅老农,木匠、竹匠、民间艺人都可以做我们的老师,就是最被人轻视的乞丐吧,也有可以做别人老师的地方。因为每一个人都有他所宝贵的生活经验与学识的。不要错过一切学习的机会。这讲的是指导小孩子求学的基本态度。

• 引自《怎样做父母》1948年,载《陈鹤琴全集》第二卷,江苏教育出版社,2008年8月,第691—692页。

4. 我常常体味到,读一本有价值的好书,好像吃一个成熟的苹果,它不仅有那美丽的颜色,并且还有更丰富的养料和鲜美的滋味。我们给小孩子读的书,就要选择那丰富有养料的书,可以吸收的书。第二种是没有字的书。关于这点,我在"活教育"上所常讲的"大自然,大社会,就是我们的活教材",就是我今天所说的没有字的书,活的书。

• 引自《怎样做父母》1948年,载《陈鹤琴全集》第二卷,江苏教育出版社,2008年8月,第693页。

5. 亲爱的小孩子：到处有科学，到处有发明，你们要张开眼睛看看，提起耳朵听听，伸出双手动动，拔起两腿跑跑，谁敢说你们将来不是中国的牛顿？不是中国的瓦特？不是中国的爱迪生呢？

• 引自《煨粥也有科学吗》1939年，载《陈鹤琴全集》第四卷，江苏教育出版社，2008年8月，第155页。

6. 我希望做父母的与做教师的教导小孩子，千万不要用填鸭式的方法来硬装，也不要时作时辍，而是必须循循善诱，有规则地引导他们走上一条学习的路，这也是要紧的！

• 引自《怎样做父母》1948年，载《陈鹤琴全集》第二卷，江苏教育出版社，2008年8月，第694页。

九

如何教儿童识字、写字

1. 读法与图画手工都是属于发表自己意见的。儿童喜欢看图,喜欢涂鸦,喜欢东做西扯,这是发表自己意见的活动。"字"不是一件神秘的东西,可以当做图画看的。写字也不可当做极神妙的事情看,也可以当做涂鸦看。无论图画、手工、读法,都是儿童发表自己意见的方式,都可以做的。

- 引自《幼稚园的读法》1928年,载《陈鹤琴全集》第二卷,江苏教育出版社,2008年8月,第175页。

2. 读法不是符号的熟记,"强记符号"不但儿童所不愿,就是成人也不高兴。强迫儿童读"赵钱孙李"固然难,强迫儿童读"人手刀尺"又何尝容易呢?所以幼稚园的读法,既然为着儿童需要而加的,那么就应该适应儿童需要而教。好在社会和家庭对于幼稚生识字的要求,并不十分苛求,所以我们应该顾到"读法不是符号的熟记"。

• 引自《幼稚园的读法》1928年,载《陈鹤琴全集》第二卷,江苏教育出版社,2008年8月,第175—176页。

3. 寻常学习文字,必须经过四种过程:(1)耳朵能够听得懂;(2)嘴巴能够说得出;(3)眼睛能够认得出;(4)手能够写得出。一字一句或一篇文字都要经过这四种过程;缺了一种,学习就不算为完美。对于年幼的儿童,这四种过程从学习的难易一方面说的,用耳朵学习比较容易,其次要算口的学习,又其次要算用眼睛来学习,最难当然要算用手来学习了。从兴趣一方面讲,用手来学习,要算第一;其次要用眼睛,再其次用耳用嘴。现在幼稚生、低年级生对于文字学习,往往只用到耳、眼、口三种过程。对于用手学习的那种过程,小孩子因为能力薄弱不能应用,结果小孩子有许多意思只能说出来,而不能用文字发表出来。我们要想出一种教具来,使小孩子也能用文字来发表他们的思想。

• 引自《介绍一种幼稚园与低年级的教具》1931年,载《陈鹤琴全集》第二卷,江苏教育出版社,2008年8月,第228页。

4. 根据我创办鼓楼幼儿园的一二十年的经验,五六岁的儿童对掌握100个左右汉字是没有什么问题的,那时满6足岁"毕业"的幼儿生,就能进小学一年级,而且往往能插入二年级,他们的脑子并没有因认识百把个汉字而受到损害,他们的身体也没受到什么影响。这里必须指出,"鼓楼"所用的教学方法主要是通过游戏、诗歌、谜语、故事画,结合实地参观访问,教儿童编写日记而进行的。

• 引自《幼儿园进行汉语拼音和注音识字教学问题》1964年,载《陈鹤琴全集》第二卷,2008年8月,第489页。

5. **怎么样的识字教育对幼儿是有好处的。**从教法方面来说,儿童很喜欢游戏,我们就可以通过各种游戏式的教学法,对 5 岁儿童进行识字教育。儿童对社会和自然环境总是发生很大的兴趣,我们就可以结合认识环境来进行识字教育。儿童对唱歌、图画、做手工,也是感到很大的兴趣,我们也可以在这些活动中找出机会来进行识字教育。儿童最爱听故事,我们就可以利用图画故事来进行识字教育。总之,识字教育做得不好,变成私塾教育,我也非常反对的。

- 引自《幼儿园应该进行识字教育吗?》1956 年,载《陈鹤琴全集》第二卷,江苏教育出版社,2008 年 8 月,第 487 页。

6. 在故事里面穿插很生动的歌曲,做教师的或做父母的,可以把故事讲一段,唱一唱,再讲一段,再唱一唱。同时小孩子听了故事,也可以跟着唱唱。这种教学是活的,是有声有色的,是适合儿童心理的。

- 引自《〈四季故事唱歌集〉序言》1934 年,载《陈鹤琴全集》第四卷,江苏教育出版社,2008 年 8 月,第 347 页。

7. 童谣,世界各国都有,儿童很喜欢念,不满一岁半的小孩子虽不能说话,却能欣赏。我们做父母的可以选择一些最简单的童谣经常说给他们听。至于岁半以上的孩子,我们可以教他背诵各种适当的歌谣,借以教授优良的语言和培养良好的品德。

• 引自《年老公公(歌谣)》1927年,载《陈鹤琴全集》第三卷,江苏教育出版社,2008年8月,第650页。

第八章
儿童艺术教育

一

儿童图画的价值与意义

1. 语言是第二信号系统,是人们高级神经活动的表现之一,从语言可以看出儿童的生活经验,也可以看出他的知觉概念和思维的发展。图画中表现的语言虽是只能表现概念思维的一部分,但是从这部分里,我们也可以了解到儿童心理发展的情况。

• 引自《从一个儿童的图画发展过程看儿童心理之发展》1956年,载《陈鹤琴全集》第一卷,江苏教育出版社,2008年8月,第582页。

2. 绘画可以依据儿童的第一、第二信号系统的相互的作用来促进儿童思维的发展,儿童能在绘画中反映他所看见的,以及叫出名字的东西,并用言语来说出东西的名字。通过绘画这种手和眼的联合动作,儿童还可以更好地理解周围的事物,并巩固所得的观念;通过绘画还可以培养儿童良好的情感和道德品质,这就为唯物主义的世界观打下了初步的基础。

• 引自《从一个儿童的图画发展过程看儿童心理之发展》1956年,载《陈鹤琴全集》第一卷,江苏教育出版社,2008年8月,第560页。

3. 对于研究儿童的颜色美感,我们可以从两方面着想:一方面我们要研究儿童生长到什么时候遂发生各种颜色的知觉,一方面我们要研究儿童对于颜色的兴趣,就是什么颜色儿童喜欢的,什么颜色不喜欢的。前者纯粹是一个心理问题,后者不单是一个心理问题,也是一个教育问题。若我们知道儿童对于各种颜色的兴趣,我们就可以利用这种心理来施行适当的儿童教育。

• 引自《儿童心理之研究》1925年,载《陈鹤琴全集》第一卷,江苏教育出版社,2008年8月,第303页。

4. 绘画像音乐、言语一样,都是人类表情达意、交流经验、记录史事以战胜空间、时间的最早、最有效的一种工具。世界各国的文字,也都是从图画演变过来的。我国的汉字,就是从象形文字开始的,到今天还保留着一些象形的痕迹。

• 引自《从一个儿童的图画发展过程看儿童心理之发展》1956年,载《陈鹤琴全集》第一卷,江苏教育出版社,2008年8月,第560页。

5. 绘画是言语的先导,表示美感之良器。要知儿童的心理,不可不研究儿童的绘画。考诸欧美,研究儿童绘画者,已有多人,惟独吾国研究的人很少。所以我们宜急起直追,以助教育儿童之不及。现在为绘画之价值,胪列如下:(1) 绘画可以表现儿童的美感。(2) 绘画可以发展儿童的思想。(3) 绘画可以增进儿童的知识。(4) 绘画可以练习儿童的目力与手力。

• 引自《儿童心理之研究》1925年,载《陈鹤琴全集》第一卷,江苏教育出版社,2008年8月,第314页。

6. 儿童图画的发展是随着他的身心的发展而发展的。也就是说,儿童的图画是受着生活的经验和教育实践的影响的。它是一个继续不断、逐渐发展的过程。

• 引自《从一个儿童的图画发展过程看儿童心理之发展》1956年,载《陈鹤琴全集》第一卷,江苏教育出版社,2008年8月,第564页。

7. 因此我们可以知道,图画是小孩子表达思想的一种方式,因为他词汇很少,不能用语言来表达他所看见的、听见的以及他自己所想的。但是小孩子受了外界事物的刺激,一定要反应,于是就用图画来表达他的思想和情感,这是小孩子喜欢画图的主要原因。

• 引自《谈谈儿童绘画》1951年,载《陈鹤琴全集》第一卷,江苏教育出版社,2008年8月,第556页。

8. 从前的艺术教育太注重技能,现在的艺术教育是注重儿童的个性、儿童的天真、儿童的创作。但是艺术的技能,究竟要不要教儿童,这是一个很重大的问题。儿童若是没有相当的技能,断画不出很好的作品。艺术是一定要教的,倘使不教而让儿童自己去瞎摸,那是太不经济了。我们人类所有的经验,是应当利用的。不然让儿童自己去瞎摸,就是摸了一辈子顶多不过像初民时代的作品罢了。

· 引自《创造的艺术》1930年,载《陈鹤琴全集》第四卷,江苏教育出版社,2008年8月,第88—89页。

二

儿童图画的特质与学习原则

1. 儿童图画的特质：（1）儿童起初所画的，就是人形和动物。（2）对于万物，儿童先注意能动的、有生命的，所以绘画能动的和有生命的东西。（3）儿童的图画大概不完全、不均匀、不适度的，兼乏远景的。（4）儿童的图画不受约束而独出心裁的。（5）年幼的儿童多图形的绘画而少装饰的绘画。（6）绘画与性别之关系：男女儿童所画的图画，其特点是无区别的，这个问题，凡研究儿童图画的，都异口同声，谓性别也可以从图画中见之。

• 引自《儿童心理之研究》1925 年，载《陈鹤琴全集》第一卷，江苏教育出版社，2008 年 8 月，第 314 页。

2. 现在我把以上所提出的材料加以总结如下：（1）儿童画是一种帮助我们了解儿童心理发展的良好资料。（2）儿童的图画发展体现了由量变到质变的过程。（3）儿童先会画线，后会画圆，然后才会画点。（4）儿童绘画技能的增进，落后于他的感知认识。（5）儿童图画是反映对他印象最深的客观现实的。（6）儿童绘画技能与他的生活经验和教育实践是分不开的。

• 引自《从一个儿童的图画发展过程看儿童心理之发展》1956年，载《陈鹤琴全集》第一卷，江苏教育出版社，2008年8月，第595—598页。

3. 技能应当什么时候开始教，应当怎样教，这是我们研究教育的应当解答的。大概在九岁十岁以前，要注意想象一方面，就是注重儿童天真的作品，就是尊重儿童的个性；那时候儿童自己所要发表的，也不过是发挥他自己的意思，至于画得像不像，他是不管的。但是到了九岁十岁以后，他自己觉得许多意思而不能用艺术工具发表出来；在那时候，我们就可以乘机慢慢地教导他，可是不能过分地注重艺术技能而忽略思想，也不要只顾收效,而不顾儿童能不能够领会你的教法。所以我们要教他艺术的时候,要顾到他们的能力,所谓"循循善诱""因材施教"是了。

• 引自《创造的艺术》1930年,载《陈鹤琴全集》第四卷,江苏教育出版社,2008年8月,第89页。

三

父母应该怎样教儿童画图

1. 小孩子从小就喜欢图画的,我们做父母的不晓得怎样去教他,反而常常把他画图的兴趣打消了、摧残了。有时候,小孩子要画图,他就拿了木炭笔或毛笔在墙壁上或桌椅上乱涂,做父母的看见了,就要骂他、打他。这样一来,小孩子就不敢尝试了。其实这种现象是给做父母的一个很好的机会。墙壁上是不应画的,桌椅上是不应画的,这是我们都承认的,但是他的图画兴趣,我们是不应该摧残的。我们可以给他几张纸、几支蜡笔,一支毛笔或一支铅笔,好好地教他画,他就可以发表他的意思,得着相当的快乐,将来他或许变成一个艺术家,也未可知。

• 引自《为儿童造良好的环境》1935年,载《陈鹤琴全集》第二卷,江苏教育出版社,2008年8月,第640—641页。

2. 今天,我们教儿童画图,首先,要扩大儿童的眼界,丰富儿童的经验。因此,要指导儿童向大自然大社会去取材,带领儿童对自然界中的山川河流、苍松翠柏、飞禽走兽、五谷六畜以及围绕在我们四周的各种事物进行精湛的观察,以扩大儿童的眼界。对大社会中所发生的千千万万的事物,亲身体验,以丰富儿童的经验。这样,我们可以看到儿童许多真实而有意义的作品。这是我们今天教图画的一个正确方向。循着这个方向,配合儿童的"五爱"(注:即爱祖国、爱人民、爱劳动、爱科学、爱社会主义)教育,使儿童从图画的教学当中,不仅得到某些技术,更重要的是对新社会新事物有一个正确的观念。

• 引自《谈谈儿童的绘画》1951年,载《陈鹤琴全集》第一卷,江苏教育出版社,2008年8月,第557—558页。

3. 儿童绘画的兴趣,随着年龄增长而多样化起来,画的方法也越来越多样化了。对于画人形画来讲,除了写生、速写及记忆画之外,他还画滑稽画,而滑稽画中也是多种多样的,每张都能表现一定的人的性格。

· 引自《从一个儿童的图画发展过程看儿童心理之发展》1956年,载《陈鹤琴全集》第一卷,江苏教育出版社,2008年8月,第591页。

4. 写实期的图画比定型期的要求更高。这个时期的图画可以表现出绘画的技术了,能基本上反映客观的现实。定型期儿童的绘画技术是不能充分反映客观现实的。在定型期,儿童画还需要用文字加以说明,但到了写实期,图画本身就可以基本上反映客观现实,不用文字说明,看了也能了解了。在写实期,儿童在技术方面已能掌握绘画的基本方法,就是能掌握立体布局、色彩、动态等基本绘画技术。定型期儿童的图画,主要还是自由画,儿童绘画的方法是多种多样的。但在这个写实时期,儿童的绘画已有写生画、临画和意愿画了。对一鸣来讲写生画在这个时期是主要的。至于画画的内容也比定型期的图画丰富得多了,这是由于他生活范围扩大了,生活经验丰富了的缘故。例如他到普陀山和镇江金山寺去游览,就画了不少的海船、风景、庙宇、和尚等风景画,这是以前所没有的内容。通过他的生活经验和绘画实践,他的眼界扩大了,认识提高了,观察力、辨别力加强了,这促进了他的绘画技术的提高。

• 引自《从一个儿童的图画发展过程看儿童心理之发展》1956年,载《陈鹤琴全集》第一卷,江苏教育出版社,2008年8月,第584页。

5. 我时常鼓励一鸣自己去写生,有时他也自动去临画。如有一次,他临一张半侧的人形画,这里他充分表现了一个五十来岁的男子,从眼镜里看到的眼睛很生动,眼睛也富有立体感。眼镜的脚与眼睛本身都是用铅笔画的,假使用画眼睛的钢笔来画的话,就不能表达得那么鲜明了。又有一次,他临摹一张画,一看就是林肯,又一张画的一看就是孙行者。以上的图画一般都画得不错,说明这个年龄的儿童是可以临画的。通过临画,他扩大了自己绘画对象的范畴,也学到了一些配色和用线条等的绘画技术。

- 引自《从一个儿童的图画发展过程看儿童心理之发展》1956年,载《陈鹤琴全集》第一卷,江苏教育出版社,2008年8月,第595页。

6. 儿童先会画线,后会画圆,然后才会画点。儿童开始画的线条是弧形线,这种弧形线一般是略微向上,从左到右,而且是顺时针方向的。其原因可以用物理学原理来解释。儿童绘画时,手臂和身体不是成直角而是成一锐角,因此他所画的线是与身体的左边成一锐角的。儿童执笔画画的时候,他的支点主要是肘部,其次是手腕,再次是肩膀。假使他用肩部做支点来画的时候,画的线条可能是从上到下的,但一般的都是靠着桌子,以肘或腕为支点,这样是最容易画的是从左到右的弧形横线。

- 引自《从一个儿童的图画发展过程看儿童心理之发展》1956年,载《陈鹤琴全集》第一卷,江苏教育出版社,2008年8月,第596页。

7. 我们平常总是认为一切的事情都是从简单到复杂的。对于儿童图画方面,这个原则也是正确的。但是我们发现一鸣开始执笔涂鸦时,他总是画弧形线,而不是画点。线是点组成的,按照由简到繁的原则,儿童应该先画点,后画线,但是为什么他先不画点呢?从生理发展的观点来看,儿童的大肌肉比小肌肉先发达,因此对儿童来说,用手臂的大肌肉来画线比用手腕的小肌肉来画点容易得多。这可从儿童用线穿针的困难情况得到证明。

• 引自《从一个儿童的图画发展过程看儿童心理之发展》1956年,载《陈鹤琴全集》第一卷,江苏教育出版社,2008年8月,第597页。

8. **儿童图画是反映对他印象最深的客观现实的。**儿童首先是注意会动的东西,其次是有声音的东西,再次是色彩鲜艳和形状奇特的东西。所以在儿童的人形画中,首先出现的是会动的眼睛,其次是嘴巴,再次是鼻子。由于儿童身材矮小,看到高大的成人时,总是先看见他走动着的腿,所以虽然手在人身上占了很重要的地位,但在儿童的人形画中,人的脚还是比手先出现。我们看了许多别的儿童的图画,发现它们也都有这种主从分明的现象。但是儿童的选择是根据他们的主观印象来决定的,因此常有某些东西在逻辑上有很大的意义,而由于儿童认为不重要而忽略了,或不重要的小节和根本看不到的东西却占了重要的地位的情形。前者如画人不画手,后者如画的人有口袋,口袋里还画了刀子的情形,这就是为什么有时候从成人的眼光看来,儿童的图画十分奇特的原因之一。

• 引自《从一个儿童的图画发展过程看儿童心理之发展》1956年,载《陈鹤琴全集》第一卷,江苏教育出版社,2008年8月,第598页。

9. **儿童绘画技能与他的生活经验和教育实践是分不开的。**一鸣从小与自然接触的机会是很多的,当时我们家中养了狗、猫、兔子、羊、鸟、金鱼、蜜蜂和鸡、鸭、鹅等。在园子里,我们还种植了许多花草树木,从而他对于动植物有了初步的接触。到3岁时他进幼儿园过集体的生活,他经常在园地上种菜种豆,观看植物的生长,园中老师每周还带他们到野外及附近的菜园、花圃去玩。到了春光明媚或秋高气爽的时候,他们还到附近的名胜去远足。再大一点,我就带他去看电影、看戏、看展览会以及各种集会。6岁以后,他的体力强了,到了十多岁我曾先后带他到镇江、黄山、普陀、南通等地游览,以扩大他的眼界,丰富他的生活经验。为了鼓励他画画的兴趣,我从小为他创造绘画的条件,我充分供给他蜡笔、颜色、纸等等画具和合乎身材的桌椅,还买了画册等给他观摩。这样,通过经常的实践,他绘画的技术得到了提高。

• 引自《从一个儿童的图画发展过程看儿童心理之发展》1956年,载《陈鹤琴全集》第一卷,江苏教育出版社,2008年8月,第598页。

四

儿童音乐教育

1. 音乐可以培养人格,陶冶情感。忧闷的时候,一唱歌,一弹琴,忧闷就会不知不觉地消散了。快乐的时候,一唱歌,一弹琴,快乐的情绪自然更加浓厚了。所以,快乐的儿童就会独自唱歌,一听见音乐也就会唱起来的。

• 引自《〈儿童歌曲〉介绍语》1943年,载《陈鹤琴全集》第四卷,江苏教育出版社,2008年8月,第348页。

2. 音乐是儿童生活中的灵魂。生后几个月的小孩,他会听母亲哼的催眠曲而恬静地入睡;再大一些,更喜欢听各种优美的声音;两三岁时,能用手脚随音乐做着节奏动作；进了幼儿园，他对于音乐的需求范围更来得广大，喜欢听优美悦耳的音乐，常常不由地随着音乐曲哼着、唱着、跳着。到了小学阶段，他更知道怎样利用他那天赋的歌喉和节奏的能力，而参加各种音乐活动。我们知道，大凡健康的儿童，无论是游戏、走路或是休息，都本能地爱唱着歌，表现出音乐的律动。因此，我认为儿童生活离不开音乐。我们应当重视儿童音乐教育，用音乐来丰富儿童的生活，培养儿童的意志，陶冶儿童的情感，使儿童能够表现真实的自己，导向于创造性的发展。

- 引自《让儿童生活音乐化》1949年，载《陈鹤琴全集》第四卷，江苏教育出版社，2008年8月，第345页。

3. 世界各国的儿童，没有一个不喜欢唱歌，不喜欢舞蹈的！唱歌要有相当的歌曲，舞蹈要有相当的节奏，才能满足儿童的需要。

- 引自《〈世界儿童节奏集〉(上册)卷头语》1939年，载《陈鹤琴全集》第三卷，江苏教育出版社，2008年8月，第290页。

4. 小孩子学音乐，要从小学的。世界上的音乐家，可以说没有一个不是从小学起的，就是普通的小孩子，要学音乐，也必须从小学起；大时学起来，是学不好的。我现在以个人的经验做一个例子。我的大女儿秀霞，从小就有音乐的环境，到了 7 岁时候，她就开始学弹琴。学弹琴耳朵是很要紧的，耳朵不能辨别琴音，琴是学不好的，但是我们不晓得秀霞能不能够辨别琴音。钢琴上的音乐有两种：一种是绝对的，一种是相对的。所谓绝对的，就是在琴上不论哪一个音，一弹就听得出；相对的，是刚听了 c 音或 f 音，再弹别的音，这个音他能听得出来。相对的音容易听，绝对的音很难听出来的。有一天，我到秀霞的音乐老师的家里去玩，看见她的 6 岁的女孩子光光，会听绝对的音了。我想音乐家的小孩子，大概从父母那里得着了相当的遗传，所以会听绝对的音，没有什么奇怪。但是秀霞对于声音的辨别有没有遗传呢？我想是没有的，因为我们俩对于音乐是不行的。所以我一回到家里，就开始教她听 c、f、e 三个音，我先教她闭了眼睛猜猜看，在半小时内，猜了 20 次，她就能把琴的 c、f、e 三个音，差不多都能辨别出来了。从那天起，我就再教她听音,过了一个星期,在中央 c 的音程内的音,都能听出来了。过了两个月,在三个音程内的 c、f、e 三个音,弹两个音、三个音、五个音,甚至于七个音,她都能辨别出来。这个小小的试验,虽然不能说出重大的原理,但是可以说小孩子的听觉,是可以从小训练的。

• 引自《为儿童造良好的环境》1935 年,载《陈鹤琴全集》第二卷,江苏教育出版社,2008 年 8 月,第 640 页。

5. 今年幼师附小来了一个新生,年龄很小,还不到 8 岁,能指挥歌咏,你只要告诉他这只歌的拍子,他就会指挥。他的音乐兴趣非常浓厚,指挥的时候,不仅在指挥棒上有音乐,他的全身四肢都表现出音乐来,全校儿童受他的指挥,看他的指挥,非常兴奋。从前学校里面对于音乐没有什么兴趣,现在这小孩子一来,个个小孩子都有兴趣了,不仅对于唱歌有兴趣了,对于指挥也发生很大的兴趣。这是什么缘故呢? 小孩子是很容易受人暗示的,小孩子喜欢看小孩子的样子。

• 引自《怎样做父母》1947 年,载《陈鹤琴全集》第二卷,江苏教育出版社,2008 年 8 月,第 673 页。

6. 欣赏指导是让儿童由听觉所感到音乐的节奏、和声、旋律等,而引起儿童对音乐、歌曲有自发的要求的一个教学过程;再由音乐、歌曲来表现儿童的情感,并使儿童的情感通过音乐的洗炼,而得到至精至纯的陶冶,以至引导儿童以快活的精神来创造自己的生活。

• 引自《让儿童生活音乐化》1949年,载《陈鹤琴全集》第四卷,江苏教育出版社,2008年8月,第346页。

第九章
儿童游戏与玩具

一

儿童游戏的原理与教育价值

1. 各种高尚道德，几乎多可从游戏中得来。什么自治、什么克己、什么诚实、什么独立、什么共同作业、什么理性的服从，这种种美德之养成，没有再比游戏这个利器来得快、来得充实。至于公平、信实、尊敬他人的权利、勉尽个人的义务，种种懿行，实为游戏之附属产品。

• 引自《儿童心理及教育儿童之方法》1921年，载《陈鹤琴全集》第一卷，江苏教育出版社，2008年8月，第5页。

2. 游戏是儿童的第二生命。小孩子只喜欢两桩事，一桩是吃，一桩是玩，玩比吃还重要。从游戏中小孩子可以得许多经验，兴趣就很浓厚了。今天在幼稚园，小朋友研究萝卜,老师先请他们吃生萝卜,小孩子都吃了,没有显出特别的情绪。老师教他们用萝卜做飞机大炮,一个个都伸着手要来做,做的时候,他们的快乐比吃萝卜的时候,不知还要多多少倍呢!游戏比吃还重要,游戏是儿童的第二生命。

- 引自《怎样做父母》1947年,载《陈鹤琴全集》第二卷,江苏教育出版社,2008年8月,第674页。

3. 人之精神有限,休息与放松是必需的。比方某儿童在学校读了六点钟的书,他的精力一定觉得困疲,那末,最好的休息方法是什么?我们简直可以说,除了游戏之外,没有好的灵丹。一游戏,他的脑筋就得放松,他的心思,就到游戏上去了。所以,要使儿童活泼,非引进适当的游戏不可。

- 引自《儿童心理及教育儿童之方法》1921年,载《陈鹤琴全集》第一卷,江苏教育出版社,2008年8月,第5页。

4. 玩,是小孩子整个的生活。两三个月大的小孩子,就要在床上不停地动手踢脚,独自地玩。到了五六个月的时候,看见东西就要来抓。再大一点,就要这里推推,那里拉拉。到了会爬走的时候便不停地爬来爬去,走来走去。到了三四岁的时候,玩的动作,更加繁多,方法也与前不同;从前只会拿木棒拖着敲敲,现在要把木棒背着当枪放了。到了八九岁的时候,喜欢和同伴玩拍皮球、打棒、踢毽子等竞争游戏。小孩子是以游戏为生命的,多给小孩子玩的机会,身体就容易强健,心境就常常快乐。

· 引自《儿童玩具与教育》1939年,载《陈鹤琴全集》第二卷,江苏教育出版社,2008年8月,第409页。

5. 究竟"玩"对小孩子有什么好处呢?(1)可以发展儿童的想象力;(2)可以丰富儿童的科学知识;(3)可以增加儿童的兴趣;(4)可以(与其他小朋友一起玩的时候)培养儿童做人的高贵品质。什么合作、诚实、勇敢等品质,也可以在"玩"中学到的。

· 引自《教孩子们玩什么》1951年,载《陈鹤琴全集》第三卷,江苏教育出版社,2008年8月,第1页。

二

如何利用儿童游戏心理实施教育

1. 小孩子是喜欢游戏的,我们就可以利用他的游戏心理去教育他。比方我们要教他红黄蓝绿等几种颜色。我们不要呆板板地对他说:"这是红的,那是绿的。"这样,他未必肯听,也未必能记得牢。若是我们叫他穿颜色的珠子,或是叫他画图画,那他无形中能把各种颜色学会。比方他穿珠子的时候,我们在旁称赞说:"这颗绿的珠子多么好看,那颗红的珠子多么光滑。"又比方他画图画的时候,我们也可无意中说这个颜色那个颜色给他听。这样,那几种颜色他就容易学会了。所以我们必须使小孩子对所学的东西发生乐感才好。

• 引自《家庭教育》1925 年,载《陈鹤琴全集》第二卷,江苏教育出版社,2008年8月第531—532页。

2. 怎样能够使优良正确的刺激深刻在小孩子的脑筋里呢？主要原则:(1)凡能使小孩子快乐的刺激容易印刻在小孩子的脑筋里。(2)凡刺激发生的时间愈长,次数愈多,那联念也愈牢固。比方我们教小孩子唱歌,我们先把歌唱给他听,把调弹给他听;唱弹之后,又叫他唱;他唱得不对,又教他这样唱那样唱;今天唱得不够,明天再唱;明天唱得不够,后天再唱;务使他能唱为止。这种练习原则说起来就明了,但做起来就不容易。做父母的对于这一点也应特别注意的。

• 引自《家庭教育》1925年,载《陈鹤琴全集》第二卷,江苏教育出版社,2008年8月,第532页。

3. 当小孩子四五岁的时候,我们就可以给他小木片、小钉、小锤,教小孩子做各种极简单的玩具,如小椅子、小床、小飞机、小汽车等等,使他有初步构造玩具的能力。我常见乡间的小孩子在野外三五成群地在那里玩弄烂泥,把烂泥做成糕饼请客人。西洋的小孩子到夏天常在海边玩沙。可见不论中西小孩子他们对于泥沙都是非常喜欢玩弄的。不过普通的泥沙太脏了,我们应该为小孩子购置相当的设备和洁净的沙泥黏土,使他们从玩弄沙泥黏土里可以得到一些初步制作模型的技能。小孩子到了八九岁的时候,我们可以教他玩玩水枪,玩玩弓箭,还可以教他自己用竹筒或纸筒来做成极简单极简陋的电话;更可以拿起磁石或磁针教他们做各种有趣味的把戏。再大一些的小孩子,就可以教他们怎样做电铃,怎样自己来做无线电收音机。小孩子最喜欢自己做成他自己心爱的事物,所以我们从小就给他关于科学上的各种活动的机会和设备,使小孩子有适当的科学环境,以发展他关于科学上的技能和兴趣。

• 引自《为儿童造良好的环境》1935年,载《陈鹤琴全集》第二卷,江苏教育出版社,2008年8月,第639—640页。

三

儿童游戏应遵循的原则

1. 游戏与玩物：（1）小孩子需要有适宜的伴侣。（2）小孩子应有与动物玩弄的机会。（3）小孩子平时宜穿运动套衣。（4）小孩子玩好东西以后，应当立刻整理好放在原处。（5）小孩子最好有玩水的机会。（6）小孩子玩的玩物是要"活"的，不要"死"的。（7）玩物的作用，不仅仅是博小孩子之欢心，也要使他因此得着自动的机会。（8）凡凶恶丑陋、不合卫生而有危险的玩物，一概不要给小孩子玩。（9）小孩子应当有适当的地方以储藏他的所有物。（10）小孩子的玩物应当合乎几种标准的。

• 引自《家庭教育》1925年，载《陈鹤琴全集》第二卷，江苏教育出版社，2008年8月，第571—581页。

2. 游戏就是工作,工作就是游戏:(1)小孩子应有画图的机会。(2)小孩子应有看图的机会。(3)小孩子应有剪图的机会。(4)小孩子应有剪纸的机会。(5)小孩子应有着色的机会。(6)小孩子应有穿珠的机会。(7)小孩子应有锤击的机会。(8)小孩子应有浇花的机会。(9)小孩子应有塑泥的机会。(10)小孩子应有玩沙的机会。

• 引自《家庭教育》1925年,载《陈鹤琴全集》第二卷,江苏教育出版社,2008年8月,第582—588页。

3. 小孩子需要有适宜的伴侣。举例:有许多小孩子本来是很好的,后来进了学堂或私塾,同一班"坏"的小孩子做伴侣,慢慢儿受到他们的影响也变成不好了。有许多学生常常把铅笔放进嘴里去润润,这种习惯大概是从别人学来的。要知道铅是有毒的,很妨害卫生的,而且舔铅笔头的行为也不很雅观,所以做父母的应当注意这种行为。一鸣(两岁零九个月时)有一天赤了脚不肯穿鞋,后来看见一个邻家的小孩子穿着整齐到我们家里来玩,他就跑到他母亲的地方去叫她把他的鞋子穿上。

你看小孩子的环境多要紧!像这样小的小孩子能够受到环境的影响了。

讨论:语云"益者三友,损者三友"。这可知社会上朋友不是个个好的。同好的做伴侣,就受他的益处;同不好的做伴侣,那就受他的坏处了。小孩子知识简单,尤其容易受伴侣的影响。他的伴侣喜欢骂人的,那他以后也喜欢骂人;他的伴侣喜欢说坏话的,那他以后也喜欢说坏话了。这样看来,小孩子与伴侣的关系是很密切的。所以孟母三迁其邻,而马伏波之训子侄谆谆以季高为戒。

• 引自《家庭教育》1925年,载《陈鹤琴全集》第二卷,江苏教育出版社,2008年8月,第571页。

4. 小孩子应有与动物玩弄的机会。举例:动物可以玩的有许多,普通的兽类是狗,其次是猫和兔,鸟类是鸽子,其次是芙蓉鸟等……要给小孩子玩的动物,我们最好从小豢养起来……小孩子所玩的东西大概是玩具和动物。但是玩具是死的,动物则不然。当小孩子玩的时候,就发生种种反应,小孩子因为它这种反应,玩的兴趣就格外浓厚,而他的乐趣也就格外增加了。我的小孩有一只狗同一只猫,它们离开他的时候,他就要寻找。这点我们可以证明,他一方面是少伴侣的感觉,一方面是失离伴侣的感觉。有一天,我给他一只小黑猫,他很喜欢地同它玩耍,并且"咪咪"地唤它;又有一天,我的小孩子在路上看见行人骑驴子,他也要骑驴子,我就雇了一匹,他骑了显出很高兴的样子。凡此诸端,可以证明小孩子是很喜欢玩动物的。

讨论:我们把玩动物的好处列举如下:(1)可以养成小孩子不怕动物的胆量;(2)养成爱护动物的习惯;(3)使他知道动物的习性与动物的生理;(4)与动物做伴侣。总起来说,狗、猫、兔子、鸽、芙蓉鸟种种动物,是儿童很好的玩物,也是儿童很好的伴侣。儿童有了这种伴侣,一方面可以发展他的同情心,一方面可以学得动物的习性,并且可以使他不致寂寞。不过动物必须清洁、无病,而且性情驯良,最好动物是从小豢养的。

• 引自《家庭教育》1925 年,载《陈鹤琴全集》第二卷,江苏教育出版社,2008 年 8 月,第 571—573 页。

5. 小孩子玩的玩物是要"活"的，不要"死"的。举例： 玩物有"活"的，有"死"的。如书坊里所卖的"活动影片"，名虽叫活动，其实是死的。儿童买了来，起初很高兴的，不过玩了几天就不要它了，因为它所变的花样总是那几套，一知道了，那就没有什么兴味了。又如"六面图"这种玩具，大概小孩子玩了几次就学会了，而六面图既不能变出别的花样来，小孩子对于这种图的兴趣也就消失了。真正"活"的玩物不是这样的，小孩子玩了不会容易生厌的。例如皮球、积木、溜板、毽子、风筝等物。世界各国的小孩子大概都喜欢皮球的，这是因为皮球是"活"的，小孩子拍拍它，它会跳起来；小孩子踢踢它，它会滚起来；小孩子拍得愈重，它跳得愈高；小孩子踢得愈重，它滚得愈远。无怪小孩子都喜欢它的。至于积木呢？小孩子拿来可以造桥、砌屋、建塔、筑城、做床、制桌等东西，所以小孩子也喜欢玩它的。

讨论：上面所举的几种玩物，不过作为例子罢了。但我们应当注意的就是要"活"的玩物，不要"死"的玩物。所谓"活"的玩物就是变化很多的，小孩子玩了不容易生厌的；所谓"死"的玩物，就是呆板的，不会变化的，小孩子一玩就要生厌的。

· 引自《家庭教育》1925年,载《陈鹤琴全集》第二卷。江苏教育出版社,2008年8月,第577页。

6. 玩物的作用,不仅仅是博小孩子之欢心,也要使他因此得着自动的机会。举例: 街上出卖的玩物大抵只可博得小孩子的欢心罢了。什么泥菩萨,什么纸灯笼,小孩子买了来只可以把它供在桌上,挂在墙上看看,不能十分去玩它。

讨论:玩物如豆囊、洋娃娃、黏土、沙泥等,不但使小孩子得着无穷快乐,也可使小孩子发生许多动作,如小孩子得了洋娃娃就要抱抱她,给她穿,给她食,同她游戏。从这些动作中,小孩子得了许多快乐,许多经验,许多知识。如黏土泥沙等物,小孩子得了可以做各种玩物,做各种化装的游戏。总而言之,玩物不是给小孩子看看的,乃是要给他玩的。若是玩物不是可玩的,乃这个东西就不是玩物;若玩物可以激起小孩子的动作的,乃这个玩物就有价值了。所以我们可以说,玩物的作用,不仅博得小孩子的欢心,也要使他发生许多动作,丰富他的经验,发展他的个性。

  • 引自《家庭教育》1925 年,载《陈鹤琴全集》第二卷,江苏教育出版社,2008 年 8 月,第 578 页。

四

儿童玩具的教育作用

1. 玩具的目的不仅娱乐儿童之身心，也要使他因此得着自动。我们在街坊所买的玩具，大抵只能娱乐儿童之身心。譬如竹做的、洋铅皮做的、泥土做的、木头做的种种玩具，大半都是使儿童快乐快乐罢了。因为儿童要哭要吵，我们成人遂买了一二玩物给他们玩玩，使他们不哭不吵。这种玩物没有多大的价值，所最要紧者就是玩物能激起儿童的自动心，如皮球、豆囊、洋囡囡等等都能使儿童发生种种动作。如洋囡囡，儿童得到后，就给它食，给它穿，同它沐浴，同它游戏，以引起种种动作，在动作中儿童可以得着许多的快乐。我们知道，儿童是喜欢做东西的，不单就喜欢看看罢了，并且做成之后，他又是一种快乐,还有做成了之后,能够发展他的自信和自尊。

• 引自《儿童心理之研究》1925年,载《陈鹤琴全集》第一卷,江苏教育出版社,2008年8月,第177页。

2. 儿童究竟喜欢玩什么呢?那要看儿童的年龄、智力、兴趣等等而定,玩具本身是有好坏的。好的玩具具备下列条件:(1)小孩子可以玩的,不是看看的,像无锡泥人只能摆在桌上看而不能玩,布制的小娃娃当然比泥人好玩。(2)小孩子玩得不生厌。这些玩具是多变化的,如积木、竹圈等。(3)小孩子要用思想、辨别力、认识力才能玩得起来。

• 引自《教孩子们玩什么》1951年,载《陈鹤琴全集》第三卷,江苏教育出版社,2008年8月,第2页。

3. 有时父母对于子女太宠爱,不问子女的心理如何,尽管买给他们许多的玩具。当初儿童看了这些玩具,当然很高兴,不过因为不能玩,或者不知道如何玩,他们就不要玩了,甚至于把玩具弄坏。要知道玩具儿童固然要有的,不过我们只要买几个好的,合乎他的动作和年龄的就够了,何必买了许许多多不合宜的玩具,使儿童任意弄坏,以养成一种损物的习惯呢?

• 引自《儿童心理之研究》1925年,载《陈鹤琴全集》第一卷,江苏教育出版社,2008年8月,第177页。

4. 小孩子很少空着手玩的,必须有许多玩的东西来帮助,才能满足玩的欲望。比如一个小孩子玩骑马游戏,至少要有一条带子或一根竹竿,才好跑来跑去地玩,才能玩得有趣。玩,固然重要,玩具更为重要。

• 引自《儿童玩具与教育》1939年,载《陈鹤琴全集》第二卷,江苏教育出版社,2008年8月,第409页。

5. 玩具有好有坏。好的玩具,可以促进小孩子的身心发展;坏的玩具,便要发生许多坏的影响和危险。好的玩具,比如皮球、毽子,会引起小孩子多种动作。小孩子拿到皮球,有时用手拍拍,有时用脚踢踢;拍拍它,它会跳;踢踢它,它会滚。拍得重,它就跳得高;踢得重,它就滚得远。小孩子拿到毽子,踢的花样更多,有时一脚踢,有时两脚踢,有时跳着踢。像这种玩具便是好的玩具,可以给小孩子玩。

• 引自《儿童玩具与教育》1939年,载《陈鹤琴全集》第二卷,江苏教育出版社,2008年8月,第409页。

6. 好的玩具,要能启发小孩子的思想。比如海军棋、陆军棋、象棋和拼图等,能启发小孩子的思想。小孩子下棋,一定要细心地想想怎样走动才可以达到目的地?怎样走动才可以避免对方的攻击?处处要运用思想,才能克服对方。小孩子拼图,如彩色拼图、故事拼图、纸板拼图、七巧板等,玩弄时也要运用思想,才可以拼得起来。如拼一个动物或一个人物,一定要选择适宜的木片,放在适当的地方,才可以拼得像。下棋和拼图,变化很多,因为多变化,容易启发小孩子的思想,所以也是好的玩具。

• 引自《儿童玩具与教育》1939年,载《陈鹤琴全集》第二卷,江苏教育出版社,2008年8月,第409页。

7. 好的玩具,是要能陶冶小孩子情绪的。比如洋娃娃、乐器等玩具,都能陶冶小孩子的情绪。小孩子拿到洋娃娃,喜欢抱抱她,给她穿,给她睡,同她一起游玩。如果洋娃娃跌在地上,便连忙抱起来,疼疼她,生怕跌痛了洋娃娃。小孩子都喜欢听音乐、玩乐器,如口琴、铜鼓、喇叭、铙钹等,因为乐声优美,玩惯了,便会发生优美的情绪来。所以这是好的玩具。

· 引自《儿童玩具与教育》1939年,载《陈鹤琴全集》第二卷,江苏教育出版社,2008年8月,第410页。

8. 好的玩具,比如各种大小积木,能发展小孩子的创造力。小孩子拿到积木,可以做桌子、做凳子、做洋娃娃的家庭。年岁大一些的孩子,可以用积木造桥、砌屋、筑城、筑炮台、筑壕沟,还可以用积木代替日用的物品,和许多小朋友开店做买卖。凡是小孩子要做的东西,都可以用积木做出来。所以,积木是小孩子最好的玩具。

· 引自《儿童玩具与教育》1939年,载《陈鹤琴全集》第二卷,江苏教育出版社,2008年8月,第410页。

9. 好的玩具,能唤起儿童尚武的精神。比如枪、炮、军舰等玩具。小孩子拿到枪炮便会产生勇武观念,以军人自居。有时候,几个小孩子在空地上或沙箱里布置阵线,建筑炮台军港,有时候布置冲锋。像这类玩具,很能唤起小孩子尚武精神,所以是好玩具。

· 引自《儿童玩具与教育》1939年,载《陈鹤琴全集》第二卷,江苏教育出版社,2008年8月,第410页。

10. 玩具教育的原理:(1) 玩具从性质上看来有两种,一种是活的,一种是死的;(2) 玩具的目的不仅娱乐儿童之身心,也要使他因此得着自动;(3) 凡玩具儿童能自做的当鼓励自做;(4) 玩具不宜太多,只要少数精巧的是了;(5) 玩具必须叫儿童善为保存。

· 引自《儿童心理之研究》1925年,载《陈鹤琴全集》第一卷,江苏教育出版社,2008年8月,第176—177页。

五

鼓励儿童自己制作并爱护玩具

1. 凡玩具儿童能自做的当鼓励自做。有许多玩具儿童可以自做的,比方水枪、弓箭、风筝、洋囡囡等等,若让他们自己去做,这在教育上有很大的价值。譬如做水枪,儿童必先寻找竹竿;寻得后,用锯锯断或用刀斩断;锯断后,又要在节底处钻一洞;若洞太大,那么水流出来不急,儿童就要研究它的原因;研究后,或能明白小洞的压力大,因此稍知物理的性质。还有一点,就是儿童自己所做的玩具比较买来的爱护得多。

• 引自《儿童心理之研究》1925 年,载《陈鹤琴全集》第一卷,江苏教育出版社,2008 年 8 月,第 177 页。

2. 玩具不一定都要花钱去买,能够指导孩子自己去做的,而且玩的时候多变化的,也很好。比如菱壳可以做风车,萝卜可以做娃娃,蚕壳可以做花卉,厚纸匣可以做七巧板,都不要花钱去买,玩时都很有趣。还有小孩子的环境中,一根木棒、一枝竹片、一块木板,也是玩具的材料。如能给小孩子简单的工具,如小锯子、小铁锤、钉头等,便能做出许多有趣的玩具来。我们对小孩子有计划的活动,应从旁赞助,使他做成功。这样,可以发展创造能力,养成小孩子劳动的习惯。

• 引自《儿童玩具与教育》1939年,载《陈鹤琴全集》第二卷,江苏教育出版社2008年8月,第411页。

3. 小孩子的玩具不要随意乱放,要给他一个收藏的地方。玩时拿出来玩,玩过了,随时收藏好。有的孩子,因为他的玩具没有收藏的地方,便放在抽屉里,或藏在墙洞里,有时放在枕头下,这样,不是弄坏就是不见了。有时放在别人的东西上面;有时把别人的东西移开来放自己的玩具,这样利己害人的行为,更不妥当。所以收藏玩具的地方一定要预备的。这样可以养成小孩子整齐的习惯和尊重他人的权利。

• 引自《儿童玩具与教育》1939年,载《陈鹤琴全集》第二卷,江苏教育出版社 2008 年 8 月,第 411 页。

4. 小孩子玩的玩具,要时常调换。不要让他玩到不喜欢玩的时候,以至把玩具弄坏或掼在地上,养成不良的行为。要在玩到适当的时候,就替他收藏起来,另换几种给他玩。每次玩的时候,只给他两三件,不要一起给他玩。新买的玩具和旧的玩具要搭配起来,作有意思的调换,使他时时都觉得新鲜可爱,才不会感到厌倦。这样,可以养成小孩子爱惜物品的习惯。

• 引自《儿童玩具与教育》1939 年,载《陈鹤琴全集》第二卷,江苏教育出版社 2008 年 8 月,第 411 页。

5. 玩具必须叫儿童善为保存。儿童玩了玩具之后,当必须把玩具放好。这一层我们是要注意的,凡东西都要有一定的地方,不能玩了之后,随便乱摊。做父母的应当做一只箱子给他收藏玩具,以养成他的清洁、整齐、秩序等各种良好习惯。

• 引自《儿童心理之研究》1925 年,载《陈鹤琴全集》第一卷,江苏教育出版社,2008 年 8 月,第 178 页。

第十章
幼稚园的价值与意义

一

儿童为什么应上幼稚园

1. 儿童从小喜欢有伴侣的,出生4个月的儿童就要有人陪他,倘若让他独自睡在床上,没有人坐在旁边,他就要哭的。年龄一天一天地大起来,好群的欲望也一天一天地增长起来。到了3岁,日常的言语能说了,普通的游戏也能玩了,那时候要求同伴的欲望更大了。家里的兄弟姊妹固然是他的好伴侣,邻人的子女也互相招呼去玩。但是环境有限,哪里能满足他的欲望呢?幼稚园就是适应这个需要,在一定的处所招收许多差不多同年岁的儿童,供给他们种种有教育价值的环境,使儿童得在适宜的环境之中,充分地与同伴接触,以发展他们的好群的特点。

- 引自《幼稚教育》1926年,载《陈鹤琴全集》第二卷,江苏教育出版社,2008年8月,第12—13页。

2. 儿童生来是好动的,几个月的婴儿就能在床上不停地动,这就是好玩的表现。儿童到了初学步的时候,教步的成人,有时已经觉得疲倦了,但他还是忽起、忽立、忽走地运动。儿童会立以后,他就多方想法子来玩,不懂教育的父母就非常厌烦。其实,儿童好玩是一件好事情,可以增进许多知识,可以学到许多技能,并且对身体的发育也有极大的益处。所以稍有教育知识的父母,就应设法替子女制备玩具。但是家庭的经济有限,环境也受到种种限制,势难充分地发展儿童好游戏的本能。就是经济上可以替儿童置备许多玩具,又可以替他特设环境,但是同伴的缺乏,还是不能解决的。所以,要充分地发展儿童好玩的本能,非有幼稚教育不可。

- 引自《幼稚教育》1926年,载《陈鹤琴全集》第二卷,江苏教育出版社,2008年8月,第13页。

3. 幼稚教育时期的儿童是好玩的,哪里知道他非但好玩，并且是可教的。中国古语说："孺子可教也。"这句话虽然不专指教这个时期的儿童，但是这个时期的儿童，确实比任何时期的儿童容易受教。儿童从2岁到6岁，所学的事情，倘若把它统计起来，实在可惊，可以说终身使用的基本材料和工具，都在这时期学得的。例如日常语言、人生需要的动作、习惯道德等，大部分都在这时期里养成。儿童容易学习的事例很多。就以学习言语一事来说，我们成人学习一种方言，有时学了五六年，还是不会的。五六岁的儿童，不要半年，就可以学成一种方言。这种容易学习的能力，在心理学上称为"可塑性"，在教育学上称为"可教性"。我现在举一个例子来说明儿童之"可教性"。美国有一位母亲是一个很有学问的女子，她对孩子从小就用种种方法来施教。孩子到了8岁居然能说八国语言，能打网球、骑自行车等，后来长大了，对于文学音乐都有很大的成就。追溯起来，就是因为有一个好的基础。我敢相信，凡是儿童都是可教的（除去生理上有残疾的），都可以教成为有成就的人。不过教的方法和寻常教育不同，应该要有特殊的研究。

- 引自《幼稚教育》1926年，载《陈鹤琴全集》第二卷,江苏教育出版社,2008年8月,第13页。

4. 儿童之需要甚多,总结起来是"发展个性"。个性如何能发展呢?是否独往独来可以尽量发展呢?是否年岁长大起来自然就可以逐渐发展,无需藉外力之启发呢?我们知道像鲁滨逊的孤居荒岛个性必难得到充分发展的,所以教育上就有许多问题值得研究,分析起来可以得出三点:(1) **身体**。培养成一个身体健全的人,学得种种技能,这种工作大都要有完美的设备,布置成一个很好的环境,使儿童眼之所见,手足之所接触,耳之所闻,都很能依照他的个性去活动,教师只要从旁指导,就能引起儿童个性之所好,所以幼稚教育应注重设备。(2) **智力**。人类进步一天快似一天,同时因为"生也有涯,知也无涯",所以对于各种知识的获得,能够提早一天,就应该极力设法来提早。从前人们都以小学时期为正式开始学习各种知识的时期,现在我们知道幼稚教育时期,也着实可以学习。我们虽然不敢希望凡是幼稚生都像小学生那样受教,但是据各方的经验看来,幼稚教育至少可以帮助学习小学一年或二年级课程的一部分,如自然、语言、图画、常识等,在幼稚园里都可以教的。(3) 德性。儿童在家里所接触的人不多,有许多家庭因为过分宠爱,孩子到了七八岁还是唯我独尊,毫不知做人的道德。要培养德性,非把儿童放在人群中不可。幼稚园虽然不是大的人群,但是对于四五岁的儿童来说,确是一个适宜的人群了,可以在这个人群中养成许多人类社会的德性。

• 引自《幼稚教育》1926 年,载《陈鹤琴全集》第二卷,江苏教育出版社,2008 年 8 月,第 13—14 页。

5. 补充家庭教育之不足。父母即使有了充分的时间与精力去教育儿女,也需有幼稚教育。例如,上面说过的儿童好群的特性,要想有充分的发展非有众多的同伴不可,这点在家庭里是办不到的。此外,倘若父母缺乏时间、精力、学识及经验者,尤其需要幼稚教育的帮助。又如儿童都喜欢发问题的,寻常父母遇到儿女有麻烦的问题,总说"走开去,不要来讨厌",在幼稚园里这类情形可以减少许多,儿童可以从老师那里得到许多知识。所以我们非常相信,幼稚教育可以补充家庭教育之不足。

- 引自《幼稚教育》1926年,载《陈鹤琴全集》第二卷,江苏教育出版社,2008年8月,第15页。

二

幼稚园教育的价值

1. 幼稚教育目标:(一)做怎样的人,包括(1)合作的精神;(2)同情心;(3)服务的精神。(二)应该有怎样的身体,包括(1)健康的体格;(2)卫生习惯;(3)技能。(三)应该怎样开发儿童的智力,包括(1)有研究的态度;(2)有充分的知识;(3)有表意的能力。(四)怎样培养情绪,包括(1)欣赏;(2)快乐;(3)打消惧怕。

• 引自《幼稚教育》1926年,载《陈鹤琴全集》第二卷,江苏教育出版社,2008年8月,第16—19页。

2. 幼稚园至少应该从以下三方面来培养儿童:(1)欣赏。欣赏的东西很多,如自然界之美,山川之幽秀,建筑之雄伟,但这些对幼稚生似乎都还早些,而悦耳的音乐,儿童画,音调顺口的儿歌,可以玩赏的艺术品,幼稚生都能欣赏的。我们大家都感觉到我国国民之缺少欣赏能力,尤其是音乐,雅歌妙舞,几乎成为少数人的专利品,普通人很难领略,这是一个大缺点。我们应该极力设法改变的,首先应在幼稚园里大力提倡,这事不难办到的。只有诗歌一层比较难些,要想搜集合乎幼稚生的诗歌,是一件很不容易的事。(2)**快乐**。我们的教育不能使儿童感到快乐,也是失败之一。所谓快乐,不是用糖包药丸的方法,使儿童暂时感到快乐,我们希望儿童养成欢天喜地的快乐精神。教师的人格感化、笑口常开、和蔼可亲,这固然要紧,此外在一切教导上,都应合乎儿童的需要,采取循循善诱的方法,并不是拿了物件,硬装进去的。硬装的方法,就会造成使儿童厌恶一切的后果。例如,读书是一件很有趣的事,教的得法,可以使儿童终身喜欢读书的,但是大多数的儿童不欢喜读书,这都因为教师强迫儿童的缘故,有了这样不好的习惯,可以说是人生最大的不幸。(3)**打消惧怕**。儿童生来所怕的东西不多,惧怕大都是后天养成的。家庭教育之不良，周围邻居之恶劣影响，于是慢慢养成了许多惧怕的习惯，如怕黑暗、怕蚯蚓，怕狗、怕猫、怕昆虫等，都是对于人生有很多不便的影响。幼稚园教师应该常常带儿童去接触万事万物，如捉昆虫、与猫狗玩耍等，又如常带儿童登高、溜滑梯等，这些都是消灭惧怕情绪的好方法。我们常常看到初入幼稚园的儿童，见到什么都怕，过了一些时候，能渐渐地去接近惧怕的东西，教师倘能处处注意，必能把儿童已养成的惧怕情绪打消。这种经验，幼稚教师都有。总之，我们最好是不给儿童有些许惧怕情绪的机会，但是这步工作大部分要家长努力，若家庭教育不良，儿童已养成了许多不良习惯，那么只好由幼稚园来担负消泯惧怕情绪的工作了。

• 引自《幼稚教育》1926 年，载《陈鹤琴全集》第二卷，江苏教育出版社，2008 年 8 月，第 18—19 页。

3. 总之，幼稚教育之关系甚大，所以需慎重办理。以儿童个人而论，这步教育不善，终身受影响，就是改正过来，也要费九牛二虎之力。我们大家都知道学习的开始是很重要的，正如同一出发点，可以向东，也可以向西,初时不注意,竟会闹成南辕北辙的,那岂不是比不学都坏吗……所以幼稚教育办得好,小学教育就容易办得多了;幼稚生教得好,小学生就容易教了。这样说来,幼稚教育,实是小学教育的基础。

• 引自《幼稚教育》1926年,载《陈鹤琴全集》第二卷,江苏教育出版社,2008年8月,第15页。

4. 家庭教育与幼稚园教育显然是不相同的。家庭教育是单独地进行使儿童得到教养,而幼稚园的教育是使儿童在集体的教育下得到发展,如果家庭教育与幼稚园教育差别大,小孩子所发生的矛盾也大。反之,差别小,小孩子所产生的矛盾也小。

• 引自《如何使幼稚生适应新环境》1952年,载《陈鹤琴全集》第二卷,江苏教育出版社,2008年8月,第450页。

5. 小孩子在家里,生活大都没有规律,想睡就睡,想吃就吃,没有时间,也没有一定的规则。可是幼稚园里面的生活规律是严格执行的,应该睡的时候一定要睡,应该吃饭的时候一定要吃饭,其他如大小便、工作、游戏,都有一定的时间,这是家庭教育与幼稚园教育不同之处。

• 引自《如何使幼稚生适应新环境》1951年,载《陈鹤琴全集》第二卷,江苏教育出版社,2008年8月,第451页。

6. 天下的父母没有不爱自己的儿女的,但是有的父母却是溺爱过分,小孩子要吃什么就给他吃什么,要玩什么就给他玩什么,要出去就陪他出去,要回家就带他回家,真是百依百顺,爱护备至。却不知道,这样没有原则的爱,对于小孩子的心身发展,也是一种损害。因为一个小孩子如果要成长得很好,一定要用科学合理的教养方法,举凡起居饮食,出入进退,待人接物,都要有一定的规律,养成优良的习惯,并且要从小训练。因此,父母对于子女的爱护,应该不违背儿童心身的发展而不溺爱儿童,这是幼稚园教育与家庭教育不同之处。

• 引自《如何使幼稚生适应新环境》1951年,载《陈鹤琴全集》第二卷,江苏教育出版社,2008年8月,第451页。

三

幼稚园与家庭共同担负教育儿童的责任

1. 儿童教育是幼稚园与家庭共同的责任。幼稚教育是一件很复杂的事情，不是家庭一方面可以单独胜任的；也不是幼稚园一方面可以单独胜任的，必定要两方面共同合作方能得到充分的功效……有的父母把小孩子送到幼稚园里去，并不是为了小孩子要受教育，乃是为自己的方便，因为小孩子在家里吵得很，没有功夫去对付他，所以把他送到幼稚园里去，使他收收心，其他并没有什么目的，所以把教育小孩子的一切任务都置之不闻不问。有的父母则不然，他们对于儿童的教育非常注意，但是因为对于幼稚园的情形不十分明了，不晓得小孩子在幼稚园里究竟做些什么事情，所以在家里所教的与幼稚园里所学的,常不能相融合,甚至两方面发生冲突。像这样的父母本来是可以帮助幼稚园的,无奈幼稚园不去同他们合作,竟以为儿童的教育是幼稚园可以单独担任,不必同家庭去商议的。并有以为小孩子在幼稚园是教师的责任,在家里方是父母的责任,所以只要问自己教得好不好,而不必问儿童在家里的情形怎么样,这种态度真是大错而特错。不知道儿童教育是整个的、继续的,为教师的应当知道儿童在家里一切的情形,吃的是什么,做的是什么,玩的是什么,学的是什么;做父母的也应当知道小孩子在幼稚园里做些什么,学些什么,如此则两方面所施的教育,就不致发生冲突,而所得的效果也必定很大。

· 引自《我们的主张》1927年,载《陈鹤琴全集》第二卷,江苏教育出版社,2008年8月,第76页。

2. 父母都有相当的职务,断不能把全副精力用于几个儿女身上。况且教儿童也非随便教的,需要花费许多精力的。寻常父母都不能有充分的时间和精力去做这种工作,而幼稚园就可以帮助家庭来做教育儿童的工作,至少可以帮助一部分。不过有一点要注意,就是所谓帮助一部分,就是说,儿童进了幼稚园,不是一切教育责任都由幼稚园担负,这点在社会上产生误会的人很多。

• 引自《幼稚教育》1926年,载《陈鹤琴全集》第二卷,江苏教育出版社,2008年8月,第14—15页。

第十一章
小学教育时期

一

培养儿童成为健全的公民

1. 小学教育是国民的教育,是造就人才的开端,是发扬文化的始基,所以比中学、大学教育更加重要。国家的发展、青年的前途,全在小学教育的改进。

• 引自《一个理想的小学校》1928年,载《陈鹤琴全集》第四卷,江苏教育出版社,2008年8月,第36页。

2. 要培养儿童在社会上做一个健全的公民,现今社会个人主义太盛,只重个人发展,只顾个人的安乐、幸福,面对他人的安宁、利害不恤、不顾。这样的弱肉强食、争夺抢杀还成什么世界?所以一定要注意公民的训练,培养对于人类的同情心,注意儿童的自治能力,组织团体生活,使他们成为一个社会健全的分子。

- 引自《一个理想的小学校》1928年,载《陈鹤琴全集》第四卷,江苏教育出版社,2008年8月,第35页。

3. 以前的教育,注重在读、写、算的学习,现在除此之外,尤其注意儿童的康健。因为儿童的学习与儿童的康健、身心的发育有密切的关系。儿童身心上发生了缺陷,学习便大受影响。所谓健全的精神,寓于康健的身体,是一点不错的。

- 引自《一个理想的小学校》1928年,载《陈鹤琴全集》第四卷,江苏教育出版社,2008年8月,第35页。

二

小学时期教育原则与方法

1. 对于女生与男生智力测验结果比较,应注意之点有四:(1) 女生的智力原比男生的来得强,不过渐长则渐减。我国因为现在女子教育非常幼稚,女生的环境比较男生的简陋得多,所以当他们初进小学开始受学校教育的时候,发展智慧的机会大略相同,他们禀赋高低的地位仍能保持。不过从小学起,男生所有的发展的机会,比女生的来得充分,所以男女生禀赋高地的地位,就渐渐迁移了。试看没有受过教育的男女的智力,比较受过教育的都来得低些。这样说来,我们最应当注意的,就是提倡女子教育,使女子得到同等的教育机会,以发展她们的禀赋。(2) 女子的智力原比男子的高些,所以在小学时期，女生的平均成绩比男生的来得优；但至中学期间因男生的教育机会比较充分些，所以男生的成绩比较好一些，女生的成绩都来得逊些。（3）至于默读教授一方面，小学对于男生应特别注意，中学对于女生应特别注意。（4）女子学校应注重数学，尤应注重常识。

· 引自《儿童心理之研究》1925年，载《陈鹤琴全集》第一卷，江苏教育出版社，2008年8月，第345—346页。

2. 儿童年纪愈小，则记忆力愈弱，不过记忆之保存，则愈小愈好，此因儿童的神经系统小时易受训导，并因小时思想不复杂的缘故。儿童九岁以前，听觉的记忆比视觉的记忆好；九岁以后，则视觉的记忆比听觉的记忆好，这是天然的支配。听觉的记忆最发达之限度至十四岁止，视觉的记忆最发达之限度至十五六岁止。儿童视觉的记忆，具体的东西易记，抽象的文字不易记。

· 引自《编译儿童用书与儿童心理》1921年，载《陈鹤琴全集》第四卷，江苏教育出版社，2008年8月，第2页。

3. 书法是一种工具的学科，目的在养成儿童以文字记录或发表的能力。在中国，书法又是一种美术，但小学生学习书法的目的却不着重此，实际上应以实用技能的获得为主要的目标。分析言之，小学写字教学目标可有四项：（一）正确；（二）整齐；（三）迅速；（四）美观。这四项目标似乎亦应有先后轻重之分，我们以为低年级应注重（一）（二）两项，务求学生对于日用的字能写得不错，写得清楚整齐，使他人阅读时能一目了然。高年级除掉（一）（二）两项以外，更应兼顾（三）（四）两项。

• 引自《写字教学中的各项问题》1933年，载《陈鹤琴全集》第四卷，江苏教育出版社，2008年8月，第75页。

4. 在外国，学童留级的现象是很普遍的。在中国，虽未有缜密的调查，但情形当不例外。留级学童数目的众多，这在教育的实施上确是一个污点，也是社会的浪费，但留级的原因是不是完全因为低能的关系呢？显然不是的。如果留级的儿童都是低能儿童，那其数将不堪设想。假使单凭留级便判断儿童属于低能，那该是多大的错误。有许多发明家与科学家,如爱因斯坦等,少年时在学校中也不曾表现着特异的成绩。所以,儿童留级与否,不能视做低能的标准。

• 引自《低能儿童之研究》1948年,载《陈鹤琴全集》第一卷,江苏教育出版社,2008年8月,第537页。

5. 有的学生家长对于学校教育毫不关心。学生如有不良行为,教师希望家长帮助督促改进的,就不容易做到。学生的身体如有不健康或营养不良的现象,教师希望家长注意学生睡眠充足与饮食调养,也是很难做到。学生的课业,如果教师指定学生在家自修的,那更不容易得到家长的督促了。有的家长对于学校教育缺少信仰。对学生在校所学的功课,有些家长表示怀疑,学生每天回家后,家长另请教师修习其他功课。学生在校参加疾病预防或参加社会活动,家长表示反对,替学生临时请假。这样不但使学生进退两难,学校教育也无从进行了。

• 引自《学校与家庭怎样联络》1939年,载《陈鹤琴全集》第四卷,江苏教育出版社,2008年8月,第127页。

三

父母应怎样指导儿童阅读

1. 阅读能力薄弱的儿童看起书来，他的眼睛停的次数为什么比较多，而停得没有节奏呢？这是因为当初所看的读物太难，到了后来习以为常，以后看见一个字，眼睛就要停一停。所以最初的时候，就是要在眼动习惯未养成以前，我们给儿童看的书要容易。倘使太难，使他眼睛动得不得当，而养成一种不适当的动作，到后来就不容易改了。所以，对于阅读能力薄弱的儿童，我们最好给他看很容易的书，教他看得快，使他养成适当的眼动习惯。

• 引自《文纳特卡制中的读法》1931年，载《陈鹤琴全集》第四卷，江苏教育出版社，2008年8月，第95页。

2. 总起来讲，儿童所看的书要在他能力之内，务求简易。凡儿童遇到"难字"的时候，不论儿童的领袖或儿童的父母，应当立刻替他校正，不要随儿童任意尝试，以免先入为主的弊病。

• 引自《文纳特卡制中的读法》1931年，载《陈鹤琴全集》第四卷，江苏教育出版社，2008年8月，第96页。

3. 这种教学阅读的方法，看起来好像很复杂，实在是很简单的：第一只要用测验方法找出各个儿童阅读的能力，给他充分的读物，让他对你个别地朗读，或在小组之中对同学读，或在家庭里对父母读；俟读完后，或用口头测验，或叫他口头报告，或用书面报告；他读了相当数量的书籍之后，就给他标准测验，以定他能否升级。以上教法有四点效用：一是可以发展儿童适当眼动的习惯；二是可以养成儿童喜欢看书的习惯；三是能鼓励儿童多看书的兴趣；四是能免除退班与留级的弊病。

• 引自《文纳特卡制中的读法》1931年，载《陈鹤琴全集》第四卷，江苏教育出版社，2008年8月，第97页。

4."鸟言兽语的读物"究竟应否打破？这要看以下两个问题如何解决：（一）这种读物小孩子喜欢听喜欢看喜欢讲吗？（二）这种读物小孩子听了看了讲了，究竟受到什么影响？若是小孩子不喜欢这种读物，我们当然不应该给他，但是我们还要看这种读物究竟对于他有没有坏的影响。若是小孩子虽喜欢而受到的影响却很坏，这种读物当然不适用。我们晓得许多东西小孩子喜欢的而未必对他有好处，所以要断定鸟言兽语的读物究竟有没有价值，只要看以下两点就可以决定的：（一）照我个人的经验看来，鸟言兽语的读物，年幼的小孩子——尤其是在七岁以内的小孩子——是最喜欢听、最喜欢看的。至于害处呢？我实在看不出什么……小孩子在一岁以外的时候，对于各种事物，发生许多动作许多兴趣，我们成人看起来，恐怕要觉得很稀奇，其实从小孩子的眼光里，是一件很平常的事……这种很平常很普遍的儿童生活，我们成人应否让儿童享受呢？关于这种生活的读物故事，我们成人不应当让儿童看、让儿童听、让儿童讲吗？

• 引自《"鸟言兽语的读物"应当打破吗》1931年，

载《陈鹤琴全集》第四卷,江苏教育出版社,2008年8月,第98页。

5. 鸟言兽语的读物,自有它的相当地位、相当价值,我们成人是没有权力去剥夺儿童所需要的东西的,好像我们不能剥夺小孩子吃奶的那一种权利一样。不过小孩子到了大的时候,我们应当供给他看别种材料,犹如吃奶了,再给他吃别的营养料一样。现在在我国,学龄儿童读物,还是那种鸟言兽语以及各种神怪的故事,好像学龄的孩子还是要一天到晚吃奶的样子,请教小孩子怎样会强健呢?我们应当竭力地多编各种科学家故事,来丰富他的经验,来引起他的兴趣。这大概也与学龄儿童的饮食是同出一辙、同一情理吧!

- 引自《"鸟言兽语的读物"应当打破吗》1931年,载《陈鹤琴全集》第四卷,江苏教育出版社,2008年8月,第101页。

6. 小孩子为什么喜欢歌唱?因为诗歌是有韵律的,容易学,容易唱,而且学起来,兴趣浓厚,所以世界各国都有流行的童谣诗歌。教育家根据儿童学习的心理,便将儿童诗歌编为教材,借以增进学习语言文字的兴趣。如用英文诗歌教中国学生学习英文,自然也可收到同样的效果。

· 引自《〈少年英文诗歌〉卷头语》1939年,载《陈鹤琴全集》第四卷,江苏教育出版社,2008年8月第549页。

四

如何使儿童对学习算学感兴趣

1. 算学这门科学已有几千年的历史,是最早的一种科学。有了算学,有了天文学,有了数学,有了物理化学,算学可以说是科学的基础。算学从小学一直到大学,都是很注重的。在旧式的小学课程中,算学是三科之一,所谓"三科"就是读、写、算。算学既然这样重要、这样有趣,何以世界各国的儿童喜欢算学的这样少呢?这个问题实在太重要,我们应当加以彻底的研究。

• 引自《为什么小孩子不喜欢算学》1942年,载《陈鹤琴全集》第四卷,江苏教育出版社,2008年8月,第62页。

2. 小孩子对于算学观念,还没有充分地发达,不应预先灌输给他,反使发生厌倦。所以当初学的时候,应该用游戏的方法,使他发生兴趣。

· 引自《四年来之中国幼稚教育》1931年,载《陈鹤琴全集》第二卷,江苏教育出版社,2008年8月,第236页。

3. 数目观念当然是很繁复的。有的很简单,有的很抽象。数数是种观念,加减乘除中的各种步骤都代表各数目观念。我们现在要做的,就是要把小孩子的数目观念调查得清清楚楚,什么年龄有什么观念,应当学什么算学。这是从一般的儿童来讲,对于个别的儿童,我们也应当有一个适当的算学教材。有的儿童对于某种数目观念,有了相当的程度,我们方才教他一种算学。有的儿童还没有得到某种数目观念,我们不必勉强他学习那种数目观念的算学。我们要因材施教,怎样的小孩子,就教他怎样的算学。在中国的学校里,教学的材料大概是太深,小孩子学起来就没有兴趣,这是第一个"为什么小孩子不喜欢算学"的主要原因。

- 引自《为什么小孩子不喜欢算学》1942年,载《陈鹤琴全集》第四卷,江苏教育出版社,2008年8月,第63页。

4. 小孩子大一点,就可以学数目字,这些数目字是什么意思呢?就是一种抽象的符号。有抽象的数目观念,小孩子方可学算学。教材教法都应当根据这种数目观念的发展步骤而实施的。做教师的不按照数目观念的发展步骤而随便教他学学算算,甚至一班之中,程度很低的必须要学高深的算学,或者程度很高的,必须要重学那很浅近的算学,无怪小孩子不喜欢算学呢!

- 引自《为什么小孩子不喜欢算学》1942年,载《陈鹤琴全集》第四卷,江苏教育出版社,2008年8月,第64页。

5. 数学观念是慢慢发展的,我们做教师的不必强其速进。不过儿童已到了第三步,我们不要让他回到第二步,或尽管让他留在第三步,以养成他的懒惰习惯而荒废他的宝贵光阴。

• 引自《数学观念怎样发展的》1928年,载《陈鹤琴全集》第四卷,江苏教育出版社,2008年8月,第60页。

6. 总而言之,算学是一种很有兴趣的玩意儿。教得好,教材选得巧,小孩子一定喜欢学。教得不好,教材也选得不当,小孩子当然不喜欢学了。现在中外小孩子之所以不喜欢算学,我们可以明白了。愿我们做教师的应当善自警惕,使小孩子的前途不致被我们摧毁!

• 引自《为什么小孩子不喜欢算学》1942年,载《陈鹤琴全集》第四卷,江苏教育出版社,2008年8月,第65页。

五

特殊儿童教育

1. 现在我们且认为低能是一个由于遗传原因或生命早期而引起的心理缺陷的人,其智商在 70 以下,心理年龄不能超过 12 岁,其对自身及周围的事务,无法以寻常的审慎来处理。因此,他只能生活在优越的环境之中,且不能跟常态的友伴在同等的条件之下竞争。通常说的白痴、无能、下愚都归属于低能之中。

• 引自《低能儿童之研究》1948 年,载《陈鹤琴全集》第一卷,江苏教育出版社,2008 年 8 月,第 496 页。

2. 低能在社会性的发展上,一般显示落后,他们对于社会生活适应能力非常缺乏,日常生活中,处处都需要别人的帮助。一方面他们很易接受别人的暗示,另一方面他们又不敢向别人发问,因此,低能儿童最易听从别人的指挥,甘自屈服。但也有一种低能却表现着极恶劣的行为倾向,这种低能,我们名之曰"道德的无能"(moral imbecility)。具有这种缺陷的低能,几乎完全失去了道德心的控制。曾经有一个儿童,弄死了一个小孩;又有过一个女孩,先后在几个家庭中做保姆,她为了制止婴儿哭而害死了许多婴儿。也有情形不如此严重的,但他们都有一种道德上的缺陷。

• 引自《低能儿童之研究》1948年,载《陈鹤琴全集》第一卷,江苏教育出版社,2008年8月,第515页。

3. 总之,低能本身具有许多特异之点。这种特征,归纳起来,可从身体上、感觉上、智力上、情绪上以及社会性上表现出来。这许多特质,虽然并非每个低能所同具,但凡是低能,总具有其中的某些部分,至多也不过是程度深浅不同而已。于此,我们可以断言,低能儿童的诊断,必须要依据于多方面的审密的材料,包括心理测验、访问调查、生理检验、个性考察四项。

• 引自《低能儿童之研究》1948年,载《陈鹤琴全集》第一卷,江苏教育出版社,2008年8月,第515—516页。

4. 低能儿童的数目,据估计约占全体儿童数的2%。我们要从全部儿童中把2%的真正低能辨别出来,倒不是一件容易的事。我们常常听到许多错误的见解,以为一个儿童不知道一加一等于二,就说他是"低能",或者某人对于某件事情做得不好,就认为他是低能。这样随随便便拿"低能"的帽子给别人戴是非常危险的。常识的错误,有时候情有可原,但教师与具有专门知识的人们,如果也有这样的见解,那就使人难以明白了。

• 引自《低能儿童之研究》1948年,载《陈鹤琴全集》第一卷,江苏教育出版社,2008年8月,第537页。

5. 低能是可以教育的,他们虽然不能如常态儿童一样地接受普通学校教育,但他们都可以在优良的指导之下发展成一个有用的人。换句话说,他们都可以在可能范围以内,不必依赖社会的消极救济来过活。

• 引自《低能儿童之研究》1948年,载《陈鹤琴全集》第一卷,江苏教育出版社,2008年8月,第542页。

6. 根据常识的判断,低能儿童既属心理缺陷者,那么低能教育的目标,应当与常态儿童的教育目标有些不同。其实这种看法是一种偏见,因为低能儿童在心理上及生理上虽具某种局限性,不能与常态儿童一样接受普通教育,但这只能说教育方法、教材选择以及教育作用上具有差异而已。至于整个教育目标,则绝无丝毫差异。因为低能儿童同是这个时代中的人,同是这个社会中的人,他们同样无法避免时代与社会所给予的制约作用。尽管低能儿童教育的过程,具有显著的特殊性,而目标仍然是做人,做中国人,做世界人。教育者应以各种方法使其在可能范围内,实现这一目标,除非是最低级的低能,只宜于消极的救济与收养。(1)改进低能的健康状态,使能担负日常劳动;(2)建立低能的思想态度,使能了解自身的工作;(3)培养合作习惯,使能适应集体的生活;(4)训练生产技能,使能维持自己的生活。

• 引自《低能儿童之研究》1948年,载《陈鹤琴全集》第一卷,江苏教育出版社,2008年8月,第546页。

7. 教育的对象本来是"有教无类",而国家对于儿童犹之父母之对他的子女,必须一视同仁,不能因他们的身心智力的差别而遂不顾到他,忽略了他的前途、他的幸福。要知道 2700 多万特殊儿童没有享受教育的机会,就等于使国家多了 2700 多万废人,这对国家是何等大的损失?反过来说,如果给他们以特殊教育,他们就可以好好地发展,而增加了极大的力量。为了要拯救这样多的特殊儿童从疾苦中解脱,使他们能对社会贡献其所能贡献的力量,必须广设特殊儿童学校,为他们开辟一条幸福的大道,给他们享受特殊的儿童教育。

· 引自《中国儿童教育之路》1947 年,载《陈鹤琴全集》第四卷,江苏教育出版社,2008 年 8 月,第 318 页。

8. 愿全国盲哑及其他残废儿童,都能享受到特殊教育,尽量地发展他们天赋的才能,成为社会上有用的分子,同时使他们本身能享受到人类应有的幸福。

· 引自《对儿童年实施后的宏愿》1935 年,载《陈鹤琴全集》第四卷,江苏教育出版社,2008 年 8 月,第 330 页。

图书在版编目(CIP)数据

陈鹤琴"家庭教育"家长实用手册 / 陈鹤琴著；柯小卫选编. — 南京：南京师范大学出版社，2019.7 (2024.5重印)
ISBN 978-7-5651-4218-5

Ⅰ. ①陈… Ⅱ. ①陈… ②柯… Ⅲ. ①家庭教育—手册 Ⅳ. ①G78-62

中国版本图书馆 CIP 数据核字(2019)第 088633 号

书　　名	陈鹤琴"家庭教育"家长实用手册
作　　者	陈鹤琴
选　　编	柯小卫
责任编辑	魏　丽
出版发行	南京师范大学出版社
地　　址	江苏省南京市玄武区后宰门西村9号(邮编：210016)
电　　话	(025)83598919(总办公)　83598412(营销部) 83598312(邮购部)
网　　址	http://press.njnu.edu.cn
电子信箱	nspzbb@njnu.edu.cn
照　　排	南京凯建图文制作有限公司
印　　刷	南京工大印务有限公司
开　　本	787毫米×1092毫米　1/32
印　　张	12.25
字　　数	180千
版　　次	2019年7月第1版　2024年5月第2次印刷
书　　号	ISBN 978-7-5651-4218-5
定　　价	48.00元
出 版 人	张　鹏

南京师大版图书若有印装问题请与销售商调换
版权所有　侵权必究